사도신경이
알고 싶다

KB192365

사도신경이 알고 싶다

지은이 박성규
펴낸이 임상진
펴낸곳 (주)넥서스

초판 1쇄 발행 2019년 10월 10일
초판 5쇄 발행 2023년 10월 6일

출판신고 1992년 4월 3일 제311-2002-2호
10880 경기도 파주시 지목로 5
Tel (02)330-5500 Fax (02)330-5555

ISBN 979-11-6165-697-7 03230

www.nexusbook.com

사도신경이
알고 싶다

성경에 없는 사도신경, 왜 고백해야 하는가

박성규 지음

넥서스CROSS

우리를 십자가의 정에 군사로 훈련시켜주는 최적의 책이다

신실한 목회자이며 탁월한 강해 설교자인 박성규 목사님이 성도들의 신앙의 기본을 반석 위에 세우기 위해 본서를 저술했다. 본서는 다음과 같은 특징을 가지고 있다.

첫째 목회적이다. 목회(牧會)적이란 곧 목양(牧羊)적이라는 말이다. 출중한 학자들의 견해를 참고하였지만 매 장에 목회의 현장성이 녹아 있다. 양떼를 향한 목자의 애끓는 마음, 즉 한 영혼을 하나님의 진리로 무장시켜야 하겠다는 열정이 녹아 있다. 자녀를 위해 짓는 옷에 어머니의 정성이 한 땀 한 땀 스며있듯 다양한 목양 현실을 염두에 둔 본서는 마치 어머니의 손끝처럼 독자를 터치한다.

둘째 학문적 균형이다. 일반적으로 목양 중심이라 할 때는 학문성의 결여를 걱정하게 된다. 그러나 본서는 목양적이지만 동시에 학문적 치열함도 돋보인다. 박 목사님은 뜨거운 가슴과 더불어 냉철한 머리 곧 지성의 소유자다. 곳곳에 이미 학문적 성취를 경험한 분들의 흔적을 따라 펼쳐내는 이론의 근거를 적절하게 인용하여 제시하고 있다.

셋째 생활의 변화를 이끌어 준다. 신앙생활이 삶의 현장에 적용되도록 매 장 '나눔을 위한 물음'을 배치하여 독자의 적용을 돕는다. 박목사님은 대한민국 군선교 최일선에서 남다르게 섬긴 군목이었다. 본서에는 그 경험을 바탕으로 부전교회 교우들을 십자가의 정예 군사로 훈련하겠다는 목사님의 강력한 의지가 담겨 있다. 나아가서 우리 한국 교회의 모든 그리스도인을 정예화하고 싶은 소망도 담겨 있다고 확신한다. 본서의 이러한 보배로운 특징을 알기에 감사하고, 기쁜 마음으로 한국 교회 앞에 추천한다.

오정호 목사 (대전 새로남교회 담임, 제자훈련목회자협의회[CAL-NET] 이사장)

아무도 흔들 수 없는 신앙고백을 위한 해설서다

교리와 신학이 무시되고 실종된 시대, 무조건 믿기만 하면 된다는 맹신주의나 단순 무지의 열광주의적 신앙만으로 현실을 버텨내기 어려운 시대가 되었음을 부인할 수 없다. 이전보다 훨씬 더 지성으로, 반기독교적인 사상으로 무장된 세상과 교회 안으로 밀고 들어온 세속화의 거센 물결 속에서 핏기 없는 엉성한 신앙고백으로는 기본조차 유지하기 어려워졌다. 그렇기 때문에 그리스도인의 손에 들려진, 예배 때마다 고백 되는 사도신경은 그 어느 때보다 중요해졌다.

나는 사도신경이 영혼 깊숙한 곳에서 솟구치는 고백으로 터져 나올 때 배교적 시대에서도 흔들리지 않는 신자로 우뚝 세워질 수 있음을 확신한다. 박성규 목사님에 의해 잘 풀어진 사도신경 해설서는 많은 성도를 신앙의 본질로 돌아가게 하고 메마른 교리 이해만이 아닌 더 깊은 신앙의 세계로 이끌어 주리라 믿는다.

이규현 목사 (부산 수영로교회 담임)

바른 신앙고백으로 우리를 인도하는 책이다

사도신경은 교회가 생산한 가장 오래된 신앙고백이자, 교회가 사용해 온 가장 오래된 세례준비자 교리문답서였고, 우리가 믿는 신앙을 함축적으로 요약한 문서이다. 그러나 이 신경의 기원이나 발전, 내용에 대한 우리들의 이해는 여전히 부족한 현실이다. 주일마다 사도신경을 암송하지만 형식적 수사에 그쳐 진정한 내면의 고백이 되지 못한 것 또한 한국 교회의 실상이다. 이러한 현실 앞에 사도신경을 공부해야 하는 이유에서부터 신경의 기원과 발전, 내용과 교훈, 그리고 교리적 가르침을 해설한 책이 출판된 것은 한국 교회를 위한 값진 선물이라고 생각한다.

이 책의 원고를 읽으면서 저자인 박성규 목사님의 진지하고도 성실한 연구와 교회와 성도들을 향한 목회자의 애정을 읽을 수 있었다. 이 책에는 역사적 문서에 대한 단순한 해설이나 지적 호기심을 위해 쓴 글이 아니라, 사도신경을 읽고 고백하는 성도들의 영혼을 향한 저자의 거룩한 열망이 담겨 있다. 이 글 속에 성도들의 영혼을 향한 기도와 사랑이 녹아있고, 성도들의 바른 신앙과 삶을 위한 진한 애정이 배어있다. 일차적으로는 부전교회 강단에서 선포된 것이지만 우리 모두를 향한 소중한 가르침이라고 생각한다.

이 책에는 몇 가지 특징이 엿보인다. 첫째는 사도신경에 대한 자세하고 친절한 안내서라는 점이다. 우리가 안내지도를 보고 산 정상을 향해 올라가듯이 우리를 바른 믿음의 자리로 안내하고 있다. 둘째는 신학적으로 건실하고도 정확한 해설이라는 점이다. 이것은 저자의 개혁신학에 근거한 성실한 연구의 결실이라고 생각한다. 셋째는 교훈과 훈계를 준다는 점이다. 단순한 교리적 해설이라면 우리에게 감동을 주지 못하지만 바른 교리에 기초한 바른 삶을 가르치고 있다는 점에서 우리의 일상을 위한 교과서라고 생각한다. 넷째는 재미있고 흥미로운 서술 방식이다. 이 책에 포함된 사례나 예화는 '딱딱하게 느껴지는 교리적인 주제들도 이처럼 쉽고 재미있게 해설할 수 있구나' 하는 생각을 하게 한다. 이 책에 나타난 유심(幽深)한 가르침은 형식에 굳어 있는 우리의 잠자는 영혼을 내파(內破)하는 힘이 있다. 그렇기 때문에 이 책을 성경 옆에 두고 읽고 배우고 묵상하고 오랜 시간 간직하고 싶다.

이상규 박사 (고신대학교 명예교수, 백석대학교 석좌교수, 역사신학 교수)

성경을 바로 알고 싶다면 꼭 읽어야 할 책이다

성경은 하나님의 특별계시로 정확하고 오류가 없는 책이지만 농부라도 쉽게 이해할 수 있는 책이다. 이러한 성경을 성도들로 하여금 좀 더 바르게 알 수 있도록 지난 2000년 동안 많은 고백서나 신조나 교리들이 작성되었던바 사도신경처럼 성경의 핵심적 내용을 간결하게 잘 표현한 글은 없었으리라!

그러한 사도신경을 부전교회 박성규 목사님은 어떤 때는 설교처럼, 어떤 때는 주석처럼, 어떤 때는 신학 강의처럼, 어떤 때는 교양강좌처럼 풀어가고 있다. 혹시 성경을 바로 알고 싶은 분들이 있다면 이 책을 강력하게 추천한다. 박 목사님의 위트 넘치고 해박하고 깊이 있는 사도신경 풀이에 새삼 존경의 마음을 표한다.

정승원 박사 (총신대학교 경건훈련원장, 조직신학 교수)

사도신경은 복음 그 자체다

예배 가운데 성도들은 신앙고백의 시간이 되면 사도신경을 암송한다. 그리스도인으로서의 정체성을 확인하는 매우 소중한 시간임에도 기계적으로 사도신경을 암송하는 경우가 허다하다. 사도신경 한구절 한구절의 신앙고백이 가진 역사적 배경과 신학적인 의미를 우리는 과연 얼마나 이해하고 이를 신앙으로 고백하고 있을까?

본서의 저자인 박성규 목사님은 사도신경이 함축하고 있는 믿음의 내용들을 신학적으로 자세히 검토하고 있다. 이 책은 다음과 같은 장점을 지니고 있다.

먼저, 신앙고백으로서 사도신경의 필요성을 잘 보여준다. 저자는 우리에게 사도신경이 왜 필요한지에 대해 5가지로 언급하고 있다. 간략하게 설명되어 있지만 무엇보다 그리스도인이라면 함께 생각해보아야 할 부분이다. 왜 21세기를 사는 그리스도인들이 2세기 말에 만들어진 사도신경을 거의 이천 년이라는 시간적 차이를 뛰어넘어 신앙고백으로 암송해야 하는지를 물으며 이를 통해 사도신경 자체가 복음임을 깨닫도록 해준다.

둘째, 사도신경의 역사적 배경과 신학적 의미에 대한 자세한 설명이다. 각 신앙고백의 내용이 지닌 역사적 배경이나 위대한 신학자들의 사상, 그리고 공의회를 통한 역사적 결정 등에 대한 신학적인 의미들을 심도 있게 설명하여 독자들에게 그 이해의 깊이를 더해주고 있다.

셋째, 풍부한 예화를 통한 쉬운 설명이다. 저자는 목회자로서 신학적이고 교리적인 내용을 누구나 쉽게 이해하도록 적절한 예화를 통해 이해를 돕고 있다. 이를 통해 우리는 사도신경에 이전보다 더욱 쉽게 다가설 수 있다.

독자들은 이 책을 읽으며 사도신경 자체가 복음임을 확인하게 된다. 이러한 이유로 사도신경으로 신앙을 고백하는 그리스도인이라면 누구에게나 이 책의 일독을 권하는 바이다.

조현진 박사 (한국성서대학교 역사신학 교수)

신앙고백을 새롭게 하는 사도신경!

나와 사도신경의 첫 만남은 초등학교 1학년 때였다. 당시 주일학교 선생님이셨던 박순경 권사님을 통해 사도신경을 배운 후 수없이 암송하며 고백했지만, 그 내용과 가치에 대해 제대로 알게 된 것은 그보다 훨씬 뒤였다.

신학대학원에서 요리문답(要理問答, 중요한 교리를 문답 형태로 배우는 교재)을 배우면서 비로소 사도신경의 가치를 제대로 배웠다. 사도신경은 요리문답의 맨 앞에 등장한다. 그다음에 십계명과 주기도문이 순서대로 나온다. 사도신경은 성경의 중요한 교리를 가르치는 요리문답의 맨 앞에 나올 만큼 중요하다. 요리문답을 작성한 신학자들이 왜 사도신경을 맨 앞에 배열했을까? 그것은 참된 신앙이란 우리가 믿는 대상과 내용을 바로 알아야 하기 때문이다. 그렇지 않으면 믿음의 대상이나 내용을 모르고 무턱대고 믿는 맹신(盲信)이 될 수 있다. 또한 중세에 성상숭배나 성인숭배에 빠졌듯이 미신(迷信) 혹은 샤머니즘에 빠질 수 있다.

사도신경은 주기도문(마태복음 6:9-13)이나 십계명(출애굽기 20:3-17) 같이 성경 본문에서 나온 것이 아니다. 그러나 성경 전체의 핵심 내용이 가장 잘 요약되어 있다. 그래서 성경에 없는 사도신경이라는 말은 성경에 하나의 본문으로는 없다는 뜻이지 그것이 성경 내용을 담고 있지 않다는 뜻은 아니다. 사도신경이라고 해서 사도들이 만든 것으로 오해하기 쉬운데, 사실은 사도들의 신앙을 계승한 것이기에 사도신경이라고 부른다. 종교개혁자 마틴 루터는 "이 사도신경은 초대교부가 고안한 것이 아닌 사도들이 전해준 성경의 가르침을 가장 탁월하게 요약한 것이다. 이것은 마치 꿀벌들이 모든 아름다운 꽃에서 꿀을 모아 놓은 것과 같다"고 했다. 사도신경은 참된 신앙과 거짓 신앙을 구분하는 리트머스 시험지와 같다. 이대로 믿으면 참된 신앙이요, 이 중에 어느 것 하나를 부인해도 이단인 것이다. 바른 신앙을 갖기 원하는 성도라면 사도신경을 제대로 이해해야 할 것이다.

성경적 신앙생활을 위해서는 세 가지 영역에 있어 균형 잡힌 믿음으로 자라가야 한다. 성경적 교리(Biblical Doctrine), 성경적 세계관(Biblical World View), 성경적 생활(Biblical Life)이 그것이다. 요즘은 세계관과 생활은 강조하지만 교리는 많이 강조하지 않는 것 같다. 이는 매우 위험하다. 일찍이 영국 캐임브리지와 옥스퍼드에서 영문학을 가르쳤던 C. S. Lewis 교수는《순전한 기독교》에서 "교리를 가르치지 않는 것은 '물 탄 기독교'(Christianity-and-water)가 되는 것이다."고 했다. 교리 교육의 약화는 기독교의 본질을 약화시킨다는 뜻이다.

이처럼 신앙생활을 할 때 기독교의 진리인 교리를 아는 것이 매우 중요하다. 이 책이 우리 신앙의 본질을 재발견하고 우리 신앙과 인생을 새롭게 하는 책이 되길 바란다. 예배 때 암송하는 신앙고백이 무의미한 암송이 아니라, 삼위일체 하나님께 나의 신앙을 고백하면서 감사

---

1   C. S. Lewis,《순전한 기독교》(Mere Christianity), p. 75.

와 송축을 드리는 시간, 우리의 신앙에 본질을 찾는 시간이 되길 소원한다. 그리하여 사도신경으로 신앙을 고백할 때마다 하나님께 진정한 영광을 올려드리고, 우리 신앙과 삶을 새롭게 하는 은혜를 받기를 바란다.

부전교회 목양실에서

박성규 목사

차례

1장

사도신경에 대하여

1. 사도신경이란 무엇인가?

신경(信經)이란 '기독교의 신조를 기록한 경문'을 말한다.[1] 즉, 기독교의 핵심교리를 문서화해 놓은 것이다. 영어로는 '크리드'(Creed)라고 하는데, 이는 '내가 믿는다'는 뜻의 라틴어 '크레도'(*Credo*)에서 왔다.[2] 대부분의 사람들은 사도신경을 사도들이 작성한 신경이라고 오해한다. 하지만 사도신경은 사도들이 작성한 신경이 아니다. 사도들의 신앙을 이어 받았기에

---

1 《엣센스 국어사전》(서울: 민중서림, 2006), p. 1586.

2 http://www.merriam-webster.com/dictionary/creed

사도신경이라고 부르게 된 것이다.[3]

사도신경은 약 2세기 말경에 로마에서 만들어진 것으로 보며,[4] 시간이 갈수록 초기의 내용이 보완되어 오늘날의 사도신경으로 완성되었다. 주후 710~724년에는 '공인된 문서'라는 이름의 〈텍스투스 리셉투스〉(*Textus Receptus*)라는 것이 정식으로 널리 보급되었는데, 거기에 실린 신앙고백이 지금의 사도신경과 같은 모습이라고 한다.[5] 그러다 보니 사도신경의 저자에 대하여 의견이 분분하다. 이에 대하여 종교개혁자 칼빈(John Calvin)은 다음과 같이 말했다: "나는 사도신경의 저자가 누구인지에 대해 너무 집착하는 것에는 관심을 갖지 않는다. 나는 사도신경이 사도들 시대부터 신앙에 대한 공적이고 확실한 하나의 고백으로 받았다는 점에 대해서는 적어도 의심하지 않는다."[6]

사도신경 이후에도 많은 신앙고백이 나왔다. 대표적인 것으로는 우리가 잘 알고 있는 《웨스트민스터 신앙고백》(Westminster Confession)이 있다. 그리고 이 신앙고백을 교육하

3 J.I. 팩커,《사도신경》, 권달천 옮김 (서울: 생명의말씀사, 1996), p. 9.

4 이장식 편역,《기독교 신조사 제1집》(서울: 컨콜디아사, 1979), p. 9.

5 손봉호,《사도신경 강해설교》(서울: 한국성서유니온, 1982), p. 7.

6 John T. McNeill(ed.), *Calvin: Institutes of the Christian Religion, Vol.1* (Philadelphia: The Westminster Press, 1970), p. 527.

기 위해 만든 교재가 바로 〈대소요리문답〉(Larger and Shorter Catechism)이다. 참고로, 요리문답(Catechism, 교리문답이라고도 함)에서 요리(要理)란 '중요한 교리'라는 뜻이며 교리를 가르치는 방식이 묻고 답하는 형식이어서 '문답'이라고 부른다.《웨스트민스터 신앙고백》과 〈대소요리문답〉은 칼빈의 대표적인 저서이자, 종교개혁의 신학적 기본체계인《기독교 강요》(基督敎綱要, The Christian Institute)의 신학사상을 전적으로 따른다. 때문에 중세의 형식적 권위주의 대신에 하나님과 성경의 신적 권위를 최대로 높여 교회를 영적으로 되살리고 성도들의 삶에 경건의 능력을 불어넣었다.[7]

웨스트민스터 요리문답에는 두 종류가 있다. 그중 하나인 '소요리문답'(The Shorter Catechism)은 107개의 질문과 대답으로 구성되어 있으며, 주로 어린이나 청소년 교육에 사용되었다. 그리고 '대요리문답'(The Larger Catechism)은 196개의 질문과 대답으로 구성되어 있는데, 이는 성인 교육에 사용하였다. 소요리문답을 기준으로, 내용의 구성을 살펴보면 다음과 같다: 1~3항은 서론, 4~38항은 사도신경, 39~97항은 십계명, 98~107항은 주기도문.[8] 신앙의 표준이 되는 사도신경이 삶의

---

7 나용화,《웨스트민스터 신앙고백서》(서울: 기독교문서선교회, 2000), p. 4.

8 나용화,《웨스트민스터 신앙고백서》, pp. 263. ff.

표준인 십계명과 기도의 표준인 주기도문보다 앞에 기록되어 있는 것을 우리는 쉽게 볼 수 있다. 그 이유는 무엇일까? 그건 신앙의 표준인 사도신경이 그만큼 중요하기 때문이다. 신앙에 있어서 가장 기본적이고 중요한 것이기에, 삶의 표준인 십계명과 기도의 표준인 주기도문 앞에 기록되어 있는 것이다. 이처럼 우리는 사도신경이 얼마나 중요한지를 요리문답을 통해서도 발견할 수 있다.

2. 사도신경은 왜 필요했는가?

그렇다면, 사도신경은 왜 필요했을까? 우리는 사도신경이 만들어질 당시, 사도신경이 필요했던 이유를 알아야 한다. 그래야 사도신경의 중요성을 더욱 깊이 깨달을 수 있기 때문이다.

1) 세례를 주기 위해 필요했다.
세례를 받고 싶다고 하여 다 받는 것도, 다 주는 것도 아니다. 세례는 예수님을 구주로 믿어야 하고, 적어도 기독교의 핵심 진리를 믿어야만 받을 수 있다. 때문에 그들이 믿어야 할 핵심 진리를 가르쳐주기 위해 사도신경이 필요했다.

2) 자녀들의 신앙교육을 위해 필요했다.

우리의 소중한 자녀들에게 신앙의 유산을 물려줄 때, 중요한 기독교의 핵심 진리를 가르쳐 주기 위해 만들었다.

3) 이단을 물리치기 위해 필요했다.

초대 교회에는 많은 이단들이 나타났다. 그래서 이단과 바른 진리를 가진 교회를 구별하기 위해 사도신경이 필요했다.[9] 우리는 타종교를 이단이라고 하지 않는다. 기독교라는 이름을 표방하면서 사도신경에 어긋난 주장을 할 때 이단이라고 규정한다. 예를 들면 다음과 같다.

사도신경이 말하는 하나님 아버지는 천지를 만드신 분이다. 만약 그렇지 않은데 자신을 성부라고 하면 이단이다. 그리스도는 오직 동정녀 마리아에게서 나신 하나님의 독생자 예수님뿐이다. 그렇지 않으면서 자신을 메시야, 즉 그리스도라고 주장하면 이단이다. 우리의 구원자는 이천 년 전 십자가에 못 박혀 죽은 분이고, 사흘 만에 부활하여 하늘로 승천하셨으며, 지금은 성부 하나님 우편에 계시다가 역사의 마지막 날 재림하실 분이다. 만약 그렇지 않은데 자신을 구원자 메시야라고 주장한다면 이단이다. 또한 성령님을 하나님으로 믿지 않

---

9   손봉호, pp. 10-11.

고, 일종의 에너지 같은 존재로 말하는 것도 다 이단이다.

사도신경은 삼위일체 구조로 되어 있다. 성부 하나님에 대한 신앙고백, 성자 하나님에 대한 신앙고백, 성령 하나님에 대한 신앙고백으로 말이다. 그런데 자칭 기독교라 하면서 삼위일체를 믿지 않는 사람들이 있다. 또 부활을 믿지 않는 이들도 있다. 모두 이단이다. 이처럼 사도신경은 신앙의 핵심인 동시에 이단을 분별하는 공식이요, 달리 말하면 리트머스 시험지처럼 중요한 것이다. 사도신경은 이단으로부터 교회와 성도들을 지키기 위해서 만들어졌다.

4) 선교를 위해 필요했다.

선교지에서 복음을 선포할 때, 기독교 신앙의 가장 핵심이 되는 내용과 골격이 되는 내용을 효과적으로 전달하기 위해 사도신경이 필요했다.[10]

5) 예배를 위해 필요했다.

예배의 중요한 요소 중 하나는 하나님께 나의 신앙을 고백하는 것인데, 사도신경은 우리가 믿는 신앙의 진리를 하나님께

---

10 J. D. Douglas(ed.), *The New Bible Dictionary* (Grand Rapids: Wm. B. Eerdmans Publishing Co., 1978), p. 274.

고백하기 위해 만들어졌다.[11] 때문에 우리는 사도신경을 암송할 때 기계적으로 암송하면 안 된다. 나의 신앙을 하나님께 진정으로, 감사한 마음으로 고백해야 한다.

다시 말해, "천지를 만드신 성부 하나님이 나의 아버지 되심을 믿습니다. 성령으로 동정녀 마리아에게 잉태되고 나신 예수님, 나를 위해 십자가에서 죽으셔서 나의 구주가 되심을 믿고 감사합니다. 성령님 나로 예수님을 믿게 해주시고, 오늘도 동행하심을 믿으며 감사합니다. 거룩한 공교회를 믿고, 주님의 재림과 나의 부활이 있음을 감사합니다. 이 믿음대로 살겠습니다"라고 우리는 사도신경을 고백해야 한다.

나눔을 위한 질문

1. 사도신경은 사도들이 작성한 것인가? 왜 사도신경이라고 불리게 되었는가?
2. 요리문답(要理問答), 즉 중요한 교리문답(敎理問答)에 사도신경은 어디에 위치하는가? 그 의미는 무엇이라고 생각하는가?
3. 사도신경은 왜 필요했다고 생각하는가?
4. 사도신경이 그렇게 중요하다면, 오늘날 나의 신앙생활에 어떻게 적용할 것인가?

---

11 Ibid.

사도신경(헬라어)

Πιστεύω εἰς θεὸν πατέρα, παντοκράτορα, ποιητὴν οὐρανοῦ καὶ γῆς.Καὶ (εἰς) Ἰησοῦν Χριστὸν, υἱὸν αὐτοῦ τὸν μονογενῆ, τὸν κύριον ἡμῶν,τὸν συλληφθέντα ἐκ πνεύματος ἁγίου, γεννηθέντα ἐκ Μαρίας τῆς παρθένου,παθόντα ἐπὶ Ποντίου Πιλάτου, σταυρωθέντα, θανόντα, καὶ ταφέντα,τῇ τρίτῃ ἡμέρᾳ ἀναστάντα ἀπὸ τῶν νεκρῶν,ἀνελθόντα εἰς τοὺς οὐρανούς, καθεζόμενον ἐν δεξιᾷ θεοῦ πατρὸς παντοδυνάμου,ἐκεῖθεν ἐρχόμενον κρῖναι ζῶντας καὶ νεκρούς.Πιστεύω εἰς τὸ πνεῦμα τὸ ἅγιον, ἁγίαν καθολικὴν ἐκκλησίαν, ἁγίων κοινωνίαν,ἄφεσιν ἁμαρτιῶν, σαρκὸς ἀνάστασιν, ζωὴν αἰώνιον.Ἀμήν.

사도신경(라틴어)

Credo in Deum Patrem omnipotentem, Creatorem caeli et terrae, et in Iesum Christum, Filium Eius unicum, Dominum nostrum, qui conceptus est de Spiritu Sancto, natus ex Maria Virgine, passus sub Pontio Pilato, crucifixus, mortuus, et sepultus, tertia die resurrexit a mortuis, ascendit ad caelos, sedet ad dexteram Patris omnipotentis, inde venturus est

iudicare vivos et mortuos. Credo in Spiritum Sanctum,

sanctam Ecclesiam catholicam, sanctorum communionem,

remissionem peccatorum, carnis resurrectionem, vitam

aeternam. Amen.[12]

사도신경(영어)

I believe in God, the Father almighty, Creator of heaven and earth, and in Jesus Christ, his only Son, our Lord, who was conceived by the Holy Spirit, born of the Virgin Mary, suffered under Pontius Pilate, was crucified, died and was buried; on the third day he rose again from the dead; he ascended into heaven, and is seated at the right hand of God the Father almighty; from there he will come to judge the living and the dead. I believe in the Holy Spirit, the holy catholic Church, the communion of saints, the forgiveness of sins, the resurrection of the body, and life everlasting. Amen.

---

12 https://en.wikipedia.org/wiki/Apostles%27_Creed

2장

전능하사 천지를 만드신
하나님 아버지

창세기 1:1

1장에서 우리는 사도신경은 사도들이 작성한 것이 아닌, 사도들의 가르침을 후대가 요약한 것이라 배웠다. 종교개혁자 칼빈은 사도신경의 저자가 누구인가에 대해 관심을 갖지 않고, 사도신경의 내용이 사도 시대부터 공식적이고 확실한 하나의 신앙고백으로 받아들였다는 점에 대해서는 의심하지 않는다고 말했다. 요리문답(要理問答, 중요한 교리문답)의 내용에는 기독교의 중요한 가르침인 사도신경과 십계명 그리고 주기도문이 포함되어 있는데, 그중에서도 사도신경이 가장 맨 앞에 있었다. 그만큼 사도신경은 중요한 것이다. 그렇다면, 이제 본격적으로 사도신경의 내용을 살펴보고자 한다.

사도신경에는 삼위일체 하나님에 대한 신앙고백이 성부, 성자, 성령의 순서대로 나온다. 그중 가장 먼저 나오는 성부 하나님, "전능하사 천지를 만드신 하나님 아버지"에 대한 신앙고백을 배워보자. 우리는 2장을 통해 성부 하나님이 어떤 분인지를 알게 될 것이다.

1. 성부 하나님은 '전능하신 하나님'이다.

성부 하나님은 전능하신 분이다. '전능(全能, omnipotence)하다'는 말은 모든 것을 다 하실 수 있다는 뜻이다. 인간은 유능(有能, competence)할 수는 있지만, 전능할 수는 없다. 아니, 오히려 무능(無能, incompetence)할 때가 더 많다. 그러나 하나님은 무(無)에서 유(有)를 창조하실 만큼 전능하신 분이다. 또 그분은 주권적인 분이다. 주권적, 우리는 이 말의 의미를 출애굽기 3장 13~14절에서 찾아볼 수 있다.

> 모세가 하나님께 아뢰되 내가 이스라엘 자손에게 가서 이르기를 너희의 조상의 하나님이 나를 너희에게 보내셨다 하면 그들이 내게 묻기를 그의 이름이 무엇이냐 하리니 내가 무엇이라고 그들에게 말하리이까 하나님이 모세에게 이

르시되 **나는 스스로 있는 자**이니라 또 이르시되 너는 이스

라엘 자손에게 이같이 이르기를 스스로 있는 자가 나를 너

희에게 보내셨다 하라(출애굽기 3:13~14)

God said to Moses, **"I AM WHO I AM"**; and He said,
"Thus you shall say to the sons of Israel, 'I AM has sent
me to you.'"(Exodus 3:14, NASB)

우리는 하나님을 가리켜 '여호와'라고도 한다. '여호와'란
"나는 스스로 있는 자"라는 뜻이다. 'I am who I am', '나는 나
다' 또는 '나는 있는 자 그로다'는 의미다. 그런데 이것은 정
확한 번역이 아니다. 히브리어의 be동사인 'הָיָה'(하야) 동사
는 단순히 '있다'는 뜻이 아니라 '생명을 주시는 분, 창조자(life
giver, creator), 절대적이고 변치 않는 분(absolute and unchangeable
one)'이란 뜻이다.[13] 즉, 전능자라는 뜻이 담겨 있는 것이다.

우리가 믿는 하나님은 이처럼 전능하신 하나님이다. 이삭
이 아들 야곱을 축복할 때, 이 전능하신 하나님을 의지하여 축
복했다.

---

13 Francis Brown, S. R. Driver and Charles A Briggs, *A Hebrew Lexicon of
the Old Testament* (Oxford: Clarendon Press, 1978), p. 218.

전능하신 하나님이 네게 복을 주시어 네가 생육하고 번성
하게 하여 네가 여러 족속을 이루게 하시고(창세기 28:3)

이삭의 축복대로 하나님은 야곱에게 복을 주셨다. 야곱이
형 에서를 피해 도망가 외삼촌 라반의 집에서 일할 때, 라반은
야곱에게 임금을 속이고 부당하게 노동 착취를 일삼았다. 하
지만 하나님은 그를 보호하셨고, 결국 거부가 되었다. 그리고
야곱은 수많은 자녀와 종을 거느리고 고향 땅으로 돌아왔다.
우리는 이 사실을 성경에서 확인할 수 있다.

내가 이와 같이 낮에는 더위와 밤에는 추위를 무릅쓰고 눈
붙일 겨를도 없이 지냈나이다 내가 외삼촌의 집에 있는 이
이십 년 동안 외삼촌의 두 딸을 위하여 십사 년, 외삼촌의
양 떼를 위하여 육 년을 외삼촌에게 봉사하였거니와 외삼
촌께서 내 품삯을 열 번이나 바꾸셨으며 우리 아버지의 하
나님, 아브라함의 하나님 곧 이삭이 경외하는 이가 나와 함
께 계시지 아니하셨더라면 외삼촌께서 이제 나를 빈손으
로 돌려보내셨으리이다마는 하나님이 내 고난과 내 손의
수고를 보시고 어제 밤에 외삼촌을 책망하셨나이다(창세기
31:40~42)

야곱의 아버지 이삭은 야곱이 이민 와 있는 하란으로부터
약 1,000km 떨어진 가나안 땅에 있었다. 하지만 이삭의 축복

기도를 들으신 전능하신 하나님께서는 야곱을 보호하고 돌보아주셨다. 이에 야곱은 수많은 인생의 위기를 이기고 복된 인생이 될 수 있었다. 오늘날 우리가 믿는 하나님도 전능하신 하나님이다. 죽은 하나님이 아니요, 살아계신 전능자시다. 때문에 우리가 그분을 높이고 순종하며 엎드려 기도하면, 전능하신 하나님께서는 나의 운명뿐 아니라 우리 자녀들의 운명까지도 바꾸어 주실 수 있다. 이 믿음을 가지고 사도신경을 고백하는 우리가 되길 바란다. 그러면 전능하신 하나님의 능력이 우리와 늘 함께하실 것이다.

2. 성부 하나님은 '창조주 하나님'이다.

성부 하나님은 천지를 창조하신 창조주 하나님이다. 우리는 창세기 1장과 히브리서 3장을 통해, 하나님께서 우주 만물을 다 만드셨음을 알 수 있다.

> 태초에 **하나님이 천지를 창조**하시니라(창세기 1:1)

> 집마다 지은 이가 있으니 **만물을 지으신 이는 하나님**이시라(히브리서 3:4)

일본 삿포로에 가면 '물의 교회'(Church on the Water)가 있다. 이 교회에는 특별한 것이 있다. 강단 뒤로 창이 있는데, 예배를 드리기 전에는 커튼으로 닫혀있어 잘 알 수 없다. 하지만 예배가 시작되면서 커튼이 열리고, 마치 교회가 물 위에 떠 있는 것과 같은 모습이 된다. 그리고 물 위에 있는 십자가가 강단 유리창 너머로 보이는데, 마치 강단에 세워진 십자가처럼 느껴진다. 이 교회를 설계한 사람은 안도 타다오라는 일본의 유명한 건축가이다.

　또한 파리에 가면 퐁피두센터(Pompidou Center)가 있다. 프랑스의 대통령을 지냈던 조르주 퐁피두(Georges-Jean-Raymond Pompidou)가 은퇴한 후 자신의 사재를 털어 만든 미술관이다. 이 건물의 특징은 모든 배관이 건물 밖으로 나와 있다는 것인데, 발상의 전환으로 내부 공간을 최대한 확보해 실내 공간의 혁명을 이룬 건축물로 꼽힌다. 퐁피두센터는 아직도 현존하는 유명한 건축가 렌조 피아노(Renzo Piano)의 작품이다.

　이처럼 물의 교회나 퐁피두센터는 모두 스스로 존재하는 것이 아닌, 설계하고 만든 사람이 있기에 존재한다. 마찬가지로, 그보다 더 정교한 사람의 몸과 광대한 우주 만물 또한 만드신 분이 있기에 존재하는 것이다.

얼마 전 소천하신 한동대학교 김영길 총장님은 진화론자들이 우주가 우연한 폭발에 의해 만들어졌다는 주장을 비웃는 듯, 다음과 같은 말씀을 하셨다.

먼 훗날 공장에서 하는 일을 로봇이 하는 날이 올 것이다. 전쟁을 하더라도 사람들은 뒤에서 조종만 하고 로봇들이 현장에 나가서 싸움을 하는 날이 오게 될 것이다. 전쟁이 일어났다. 지구에 화학전이 일어나게 될 것이다. 생명을 가진 모든 생명체는 동물이든, 식물이든 다 씨가 없이 죽었다. 로봇만 남았다. 세월이 흐르고 흐른 다음에 로봇들은 "우리가 어떻게 만들어졌지?"라고 궁금해했지만, 설명해 줄 사람이 없었다. 그래서 자기들이 연구를 해 보았다. 자기 몸을 분석해 보니, 납도 있고 철도 있고 구리도 있고 아연도 있고 인도 있었다. 땅을 조사해 보니 땅에도 똑같은 성분들이 있었다. 그래서 땅에 있는 것들이 어느 날 자기들끼리 폭발을 하면서 우리와 같은 로봇들이 만들어졌다고 결론을 내렸다. 그렇다면, 이 어리석은 로봇들의 주장과 오늘 진화론자들의 주장은 무엇이 다른가? 천지만물은 하나님이 창조하셨다.

20세기 최고의 과학자인 아인슈타인은 다음과 같은 말을 했다: "과학을 모르는 종교는 장님이며, 종교가 없는 과학은 불구입니다." 그는 기독교인이 아니었다. 하지만 과학자로서 신앙을 배척하지는 않았다. 오히려 과학의 한계를 인정하고, 그것을 초월하는 세계를 인정한 것이다.

우리나라의 대표적인 과학자 정근모 장로님도 다음과 같이 말했다: "나는 위대한 과학자보다 신실한 크리스천이고 싶다." 이 말은 그의 간증집의 제목이기도 하다. 정 장로님은 과학기술처 장관을 두 번이나 지내고, 세계원자력기구 의장까지 지낸 분이다. 그는 24세에 플로리다 공대 교수가 되어 학생들보다도 어린 '꼬마 교수'(Boy Professor)로 불리기도 했다. 그런 분이 기독교인으로서 자신을 이렇게까지 드러내는 것을 보면 창조냐, 진화냐 하는 논쟁이 얼마나 소모적이고 불필요한 것인지를 알 수 있다. 창조는 과학의 문제가 아니라 신앙의 문제인 것이다. 과학 이상의 것, 즉 과학 이상의 세계다.

히브리인들이 사용했던 '만들다'는 단어는 세 종류가 있다.

1) 바라(בָּרָא)
무에서 유의 창조를 말한다. 아무런 재료도 없이 무엇인가를 만들어내는 것이다. 창세기 1장 1절에서 사용된 단어가 바로 '바라'다. 이것은 사람에게 해당되지 않고, 오직 전능하신 창조주 성부 하나님께만 해당되는 말이다.

2) 아사(עָשָׂה)

이 단어는 준비된 재료를 가지고 만드는 것을 말한다. 예를 들어 나무를 가지고 의자를 만든다든지, 철을 가지고 칼을 만드는 것과 같다. 사람도 '아사' 차원의 만드는 행위를 할 수 있다.

3) 야차르(יָצַר)

이 말은 모델을 앞에 놓고 그 형상을 본 따서 만드는 조각가의 작업을 의미한다. '아사'나 '야차르'는 사람도 할 수 있는 것이다. 나무를 가지고 의자를 만드는 일이나 모델을 보고 조각품을 만드는 일은 작품성에서 차이가 있겠지만, 재료만 있으면 누구나 할 수 있는 일이다. 하지만 '바라'는 그 어떤 사람이라도 할 수 없는 창조다. 이 창조는 천사도 할 수가 없다. 오직 하나님께만 속한 것이다.

폴 브랜드(Paul Brand)는 기독교인으로 유명한 의사다. 그는 필립 얀시(Philip Yancey)와 함께《나를 지으신 하나님의 놀라운 손길》(Fearfully and Wonderfully Made)이라는 책을 출간하였다. 이 책에서 그는 자신이 의사로서 처음 현미경을 통해 살아 있는 세포를 관찰했을 때의 충격과 감동을 잊지 못한다고 전한다. 그러면서 그는 세포 하나를 들여다보고, 그 감격을 말하는 데에는 24시간이 부족할 것이라고 한다. 왜 그럴까?

한 개의 수정된 난세포에서 10조 개에 이르는 세포가 생성

되고, 마침내 한 생명이 태어나는 생명의 신비를 보았기 때문이다. 9개월 동안 정교한 방법으로 기능을 나누는 세포들, 수십억 개의 혈구가 생겨나고 수백만 개의 간상체와 원추체가 생겨나 마침내 세상에 나온 신생아! 이 신비를 어찌 말로 다 설명할 수 있겠는가. 다만 우리는 시편 기자와 더불어 감격하고 감탄하며 감사할 뿐이다.

내가 주께 감사하옴은 나를 지으심이 심히 기묘하심이라
주께서 하시는 일이 기이함을 내 영혼이 잘 아나이다(시편 139:14)

I will give thanks to You, for I am **fearfully** and **wonderfully made**; Wonderful are Your works, And my soul knows it very well.(Psalms 139:14, NASB)

우리는 하나님께서 만드신 피조물, 즉 창조물이다. 때문에 우리는 창조주 하나님께 피조물로서의 겸손과 순종이 있어야 한다.

이 사람아 네가 누구이기에 감히 하나님께 반문하느냐 지음을 받은 물건이 지은 자에게 어찌 나를 이같이 만들었느냐 말하겠느냐 토기장이가 진흙 한 덩이로 하나는 귀히 쓸

그릇을, 하나는 천히 쓸 그릇을 만들 권한이 없느냐(로마서 9:20~21)

영어에서 '인간'(human)이라는 단어는 라틴어의 '흙'(*humus*)이라는 단어에서 유래했다. 우리가 대단한 것 같아도 사실은 진흙덩이일 뿐이다. 진흙덩이에 하나님께서 생기를 불어 넣어주셔서 인간이 되었다. 그러므로 우리는 피조물로서의 겸손이 있어야 한다.

영어의 '겸손'(humility)이라는 단어도 흙(*humus*)에서 왔다. 하나님께서는 우리를 흙으로 만드셨다. 그러므로 우리는 창조주 하나님 앞에 절대 겸손해야 한다. 그럴 때 비로소 창조주 하나님의 은혜와 복이 우리의 인생 속에 넘치게 될 것이다.

찬송가 67장 4절을 보면, "질 그릇 같이 연약한 인생 주의지하여 늘 강건하리"라는 가사가 나온다. 우리가 정말 강건하고 복된 인생을 사는 법은 창조주를 의지해 사는 것이다.

3. 성부 하나님은 '아버지 하나님'이다.

전능하고 천지만물을 창조하신 하나님! 그분이 성부 하나님이신데, 더 놀라운 사실은 그분이 바로 나의 아버지가 되신다는 사실이다.

영접하는 자 곧 **그 이름을 믿는 자들**에게는 **하나님의 자녀**
가 되는 권세를 주셨으니(요한복음 1:12)

너희는 다시 무서워하는 종의 영을 받지 아니하고 양자의
영을 받았으므로 우리가 **아빠 아버지라고 부르짖느니라**(로
마서 8:15)

　성령의 은혜로 예수님을 구주로 믿은 우리에게 하나님은
우리의 아빠 아버지가 되신다. 신학자 어거스틴(Augustine)은
다음과 같이 말했다: "하나님은 그의 능력에 있어서는 우리의
전능자이시며, 그의 사랑에 있어서는 우리의 아버지이시다."
하나님께서 전능하신 분인데, 만일 우리에게 사랑이 많으신
아버지가 아니라면 아무 소용이 없다. 가끔 우리를 혼내주는
무서운 존재밖에 되지 않을 것이다. 그러나 다행히 성경은 하
나님께서는 전능하실 뿐만 아니라 우리를 사랑하시는 아버지
하나님이라고 말씀한다.

　아빠는 나를 만드시고, 나를 보호하시며, 필요를 채워주시
는 분이다. 그런데 전능하신 창조주 하나님께서 나의 아빠가
되신다니, 우리는 진정 얼마나 대단한 사람들인지 모른다. 그
아버지 하나님을 바라보라. 나의 부족함과 연약함만을 바라
보지 말고, 전능하신 창조주 하나님께서 나의 아버지 되심을
바라보며 믿고 의지하며 기도하길 바란다.

나의 하나님이 그리스도 예수 안에서 영광 가운데 그 풍성한 대로 **너희 모든 쓸 것을 채우시리라 하나님 곧 우리 아버지께** 세세 무궁하도록 영광을 돌릴지어다 아멘(빌립보서 4:19~20)

어릴 때 소아마비로 태어난 한 소년이 있었다. 사람들은 그가 크면 나중에 거지가 될 것이라고 했다. 어머니의 등에 업혀 초등학교에 갔지만, 입학이 허락되지 않았다. 할 수 없이 그는 11살에 집을 떠나 재활원에서 지내며 목발을 짚고 홀로 서는 법을 배웠다. 그는 산수와 수학을 좋아했다. 놀랍게도 그는 서울대 수학과를 졸업하고, 미국 버클리대학교에서 박사학위를 받았다. 현재는 서울대 교수를 거쳐 카이스트 교수로 재직 중이다. 2007년에는 40세 이하의 젊은 과학자에게 주는 '젊은 과학자상'도 받았다. 이 사람은 바로 세계적인 수학자 김인강 교수다.

김 교수가 주위의 온갖 냉대와 차별 속에서도 장애를 이겨낼 수 있었던 것은, 하나님 아버지가 주시는 힘과 도움이 있었기 때문이라고 말한다.[14] 그는 자신의 저서 《기쁨 공식》(좋은씨앗)에서 하나님 아버지는 장애와 사회적 차별을 가지고 좌절할 수밖에 없는 인생에 기쁨을 주시는 분이며, 승리를 주시는

---

14 국민일보, 2011. 7. 7. 미션란

분이라고 고백하였다. 우리도 김 교수님처럼 전능하신 하나님 아버지를 나의 아버지로 모시고 살아, 기쁨 공식이 우리 삶 가운데 온전히 적용될 수 있길 바란다.

사도신경으로 신앙을 고백할 때마다 전능하신 하나님, 창조주 하나님께 영광을 올려드리며, 순종을 다짐할 수 있길 바란다. 동시에 아버지 되신 하나님께 도움을 요청하고, 마침내 그분의 도움으로 승리하는 인생이 되길 소망한다.

나눔을 위한 질문

1. 성부 하나님에 대한 신앙고백을 살펴보았다. 여기서 성부 하나님은 어떤 분이라 하는지 정리해보라.

2. 히브리인들이 사용한 '만들다'는 단어, 세 가지를 적어보라. 그리고 그 의미도 함께 정리해보라.

3. 히브리인들이 사용한 '만들다'는 단어 중 전능하신 하나님만이 하실 수 있는 '만들다'는 어떤 단어인가?

4. 당신은 전능하신 분이 우리의 '아버지'라는 점에 대해 어떻게 생각하는가?

3장

그 외아들
주 예수 그리스도

마가복음 1:11

2장에서 우리는 사도신경의 처음 부분인 "전능하사 천지를 만드신 하나님 아버지"까지 살펴보았다. 이는 성부 하나님이 누구신가에 대한 성경의 가르침을 바탕으로 한 고백이다. 우리가 믿는 성부 하나님은 전능하신 분이다. 인간은 유능하거나 무능할 뿐이다. 전능하신 분은 하나님밖에 없다. 여기서 전능(全能, omnipotence)에는 전지(全知, omniscience, 모든 거을 아심)와 편재(遍在, omnipresence, 동시에 모든 곳에 계심)가 포함된다. 성부 하나님은 천지를 창조할 만큼, 광활한 우주를 창조할 만큼 전능하신 분이다. 그런데 더 중요한 것은, 그분이 바로 내 아버지라는 사실이다. 이 얼마나 놀라운 일인가? 우리의 노력으로 언은 것이 아니라 하나님께서 창세전부터 우리를 사랑하셔서 독생자 예수 그리스도의 희생을 통해 우리에게 주신 것이다. 이 놀라운 사랑을 받은 우리는 정말 대단한 존재들이다. 뿐만 아니라 이 은혜에 보답할 책임이 있는 존재들이다.

본장에서는 성자 하나님에 대한 고백이 시작된다. "그 외아들 우리 주 예수 그리스도"에 대해 살펴보며, 우리가 믿는 예수님은 어떤 분인지 알아보자.

1. 성자 하나님은 '성부 하나님의 외아들'이다.

성자 하나님이신 예수님은 성부 하나님의 외아들이다. 이에 대한 근거를 우리는 성경에서 쉽게 찾아볼 수 있다.

> **하나님의 아들** 예수 그리스도의 복음의 시작이라(마가복음 1:1)

> 하나님이 세상을 이처럼 사랑하사 **독생자**를 주셨으니 이는 그를 믿는 자마다 멸망하지 않고 영생을 얻게 하려 하심이 라(요한복음 3:16)

요한복음 3장 16절에서 '독생자'란 성부 하나님께서 성자 하나님을 낳았다는 말이다. 그렇다면 하나님께도 아내가 있었다는 말인가? 아니다. 여기서 '낳았다'는 표현은 생물학적인 뜻이 아니다. 예수님이 하나님을 가장 잘 보여주는 분이기에, 예수님을 '하나님의 아들'이라고 부른 것이다. 말 그대로 생물학적인 부부관계를 통해 낳았기 때문에 아들이라고 부른 것이 아니라는 말이다. 이것을 조직신학에서는 '논리적 출생'이라고 한다. 즉, 생물학적인 출생과는 다른 의미다. 사실 인간의 머리로는 이 모든 것을 다 이해할 수 없다. 왜 그럴까?

우리가 하나님을 아는 방법에는 네 가지 방법이 있다. 먼저, '로고스'(λόγος)는 이성과 논리로 아는 것을 말한다. 그리고 '파토스'(πάθος)는 감성을 통해 아는 것을 말하며, '에토스'(ἔθος)는 실천을 통해 아는 것을 말한다. 마지막으로, '미토스'(μῦθος)는 신비를 통해 아는 것이다. 즉, 예수님을 하나님의 아들이라고 부를 때 이것은 우리의 로고스를 통해 이해되는 부분도 있지만, 신비의 영역이기에 다 알 수 없는 부분도 있다는 말이다.

성경학자들은 예수님을 하나님의 외아들이라고 할 때 다음과 같이 설명한다: "예수님을 '하나님의 외아들'이라고 할 때 '외'라는 단어를 '하나'(only one)로 해석하는 것이 아니라 '독

44

특한'(unique)으로 해석해야 한다."[15] 무슨 뜻인가? 예수님을 성부 하나님과 독특한 관계에 있는 하나님으로 이해해야 한다는 것이다. 즉 성부 하나님과 아주 깊은 관계를 가지고 있는, 하나님의 본성을 공유한 하나님으로 말이다.[16]

예를 들어, 당신을 많이 닮은 아들이 있다고 생각해보라. 당신의 외모와 말투 그리고 성격과 행동 등을 아주 많이 닮은 아들이 있다면, 그 아들만 봐도 사람들은 단번에 그의 아버지가 어떤 사람인지를 알 수 있다. 마찬가지다. 예수님이 바로 그런 분이다. 하나님을 특별하게 닮은 분이라는 차원에서 예수님을 '하나님의 아들'이라고 부른 것이다. 성경을 보면, 그에 대한 증거가 많이 나온다.

> 본래 하나님을 본 사람이 없으되 아버지 품 속에 있는 **독생하신 하나님이 나타내셨느니라**(요한복음 1:18)

예수님이 하나님을 나타내 보여주는 분이기에 하나님의 아들이라고 하셨다. 그런데 얼마나 닮았는가? 예수님을 본 자는 하나님 본 것과 똑같을 만큼 닮았다고 말씀한다.

15　손봉호,《사도신경 강해설교》, p. 24.
16　이승구,《사도신경》, p. 120.

예수께서 이르시되 빌립아 내가 이렇게 오래 너희와 함께 있으되 네가 나를 알지 못하느냐 **나를 본 자는 아버지를 보았거늘** 어찌하여 아버지를 보이라 하느냐(요한복음 14:9)

나와 아버지는 **하나**이니라 하신대(요한복음 10:30)

요한복음 10장 30절에서 나오는 '하나'(ἕν)는 단순히 숫자적으로 하나라는 뜻이 아니다. 하나님과 아들의 본질이 하나라는 뜻으로 사용되었다.

A.D. 320년경 알렉산드리아의 아리우스(Arius)라는 이단은 예수님이 하나님과 동일한 본질을 가진 하나님이 아니라, 성부 하나님이 지은 피조물이며 하나님과 '비슷하다'(호모이오스, ὅμοιος)고 주장하였다. 이에 대해 알렉산드리아의 교부 아타나시우스(Athanasius)는 아리우스의 문제를 지적하며, 성부와 성자는 '동일한 본질'(호모우시오스, ὁμοούσιος)을 가진 하나님이라고 반박하였다.[17]

아리우스 이단을 분별하는 종교회의가 A.D. 325년 니케아(Nicaea)에서 소집되어 열렸고, 이때 아리우스를 이단으로 정죄하게 된다. 또한 사도신경의 뒤를 잇는 니케아 신조(Nicene

---

17 이장식,《기독교 신조사 제1집》, p. 11.

Creed) 또는 니케아 신경이라고 불리는 신앙고백이 발표되었는데, 거기에는 다음과 같이 본질이 하나라는 내용이 분명하게 고백되고 있다: "유일하신 주 예수 그리스도를 믿습니다. 그는 하나님의 독생자시며 …… 성부 하나님과 '같은 본질'(호모우시오스, ὁμοούσιος)이며……"[18]

예수님은 하나님과 본질이 같다는 차원에서 아들이시기에, 성부 하나님을 가장 잘 보여줄 수 있는 분이다. 따라서 우리는 예수님을 통해 하나님의 사랑, 하나님의 공의, 하나님의 용서, 하나님의 온유한 성품을 그대로 볼 수 있다. 아울러 예수님을 통해 우리를 구원하시길 열망하는 하나님의 뜻을 볼 수 있다. 그런 차원에서 예수님은 하나님의 외아들이시다!

2. 성자 하나님의 이름은 '예수'다.

이 땅에 오신 하나님의 외아들의 이름은 '예수'다.

> 하나님의 아들 **예수** 그리스도의 복음의 시작이라(마가복음 1:1)

---

[18] 이장식,《기독교 신조사 제1집》, pp. 11-12.

예수님께서 이 땅에 태어나시기 전, 천사를 통해 이름을 지어주셨다. 그리고 그 이름을 예수님의 어머니 마리아에게 먼저 알려주셨다.

> 보라 네가 잉태하여 아들을 낳으리니 그 이름을 **예수**라 하라(누가복음 1:31)

그다음, 예수님의 육신의 아버지인 요셉에게 알려주셨다.

> 아들을 낳으리니 이름을 **예수**라 하라 이는 그가 자기 백성을 그들의 죄에서 구원할 자이심이라 하니라(마태복음 1:21)

'예수'(Ἰησοῦς)라는 이름은 신약 성경을 기록한 헬라어이며, 이를 구약 성경을 기록한 히브리어로 번역하면 '여호수아', 줄여서 '예수아'(יֵשׁוּעַ)다. 그 뜻은 '여호와께서 구원하심'이다. 즉 하나님께서 자신의 아들을 이 세상에 보내실 때 예수라 이름을 지어주신 이유는, 그 아들을 통해 이 세상을 구원하길 원하셨기 때문이다. 그런데 당시에는 예수라는 이름을 가진 사람이 많았다. 다음의 성경 말씀을 통해 살펴보라.

> **유스도라 하는 예수**도 너희에게 문안하느니라 그들은 할례파이나 이들만은 하나님의 나라를 위하여 함께 역사하는 자들이니 이런 사람들이 나의 위로가 되었느니라(골로새서 4:11)

우리는 "그 외아들 우리 주 예수 그리스도를 믿사오니"를 고백한다. 여기서 예수가 들어간 것은 우리가 믿는 구세주가 실제로 자신의 이름을 가지신 분, 즉 역사적으로 실존했던 분이라는 것을 고백하는 것이다. 당시 예수라는 이름을 가진 사람이 많았기에, 구분을 위해 '나사렛 예수'라고 불렀다. 나사렛에 사는 예수라는 뜻이다.

> 이스라엘 사람들아 이 말을 들으라 너희도 아는 바와 같이 하나님께서 **나사렛 예수**로 큰 권능과 기사와 표적을 너희 가운데서 베푸사 너희 앞에서 그를 증언하셨느니라(사도행전 2:22)

> 내가 대답하되 주님 누구시니이까 하니 이르시되 나는 네가 박해하는 **나사렛 예수**라 하시더라(사도행전 22:8)

우리는 지금까지 성자 하나님의 위치(하나님의 외아들)와 이름(예수)에 대하여 살펴보았다. 그러면 예수라는 이름으로 이 땅에 오신 성자 하나님의 직책은 무엇일까?

3. 성자 하나님의 직책은 '그리스도'다.

이 땅에 오신 예수님의 직책은 '그리스도'다.

하나님의 아들 예수 **그리스도**의 복음의 시작이라(마가복음
1:1)

성자 하나님의 개인적인 이름이 '예수'라고 한다면, '그리스도'는 그분의 공식적인 직책이라 할 수 있다(If Jesus is the personal, Christ is the official, name of the Messiah).[19]

그리스도(Χριστός)는 헬라어이고, 히브리어로는 마쉬아흐(מָשִׁיחַ) 즉 메시야이다. 그리스도의 뜻은 '기름부음 받은 자'다. 성경에 보면 왕, 제사장, 선지자가 기름부음을 받았다. 구약 성경에 나오는 왕, 제사장, 선지자는 하나님과 백성의 중보자였다. 왕은 통치의 중보자이고, 제사장은 백성의 아픔을 안고 하나님께 나아가는 중보자이며, 선지자는 하나님의 마음을 갖고 말씀을 선포하는 중보자였다.

그런데 이 세 중보자 중에 완전한 중보자는 아무도 없었다. 그들도 불완전한 인간이었기 때문이다. 그래서 하나님께서 완전한 중보자가 될 분을 이 땅에 보내신 것이다. 완전한 중보자는 하나님도 잘 알고, 인간도 잘 알아야 했다. 즉 완전한 중보자는 완전하신 하나님이면서 동시에 완전한 사람이어야 했다. 그래서 오신 분이 바로 예수님이다.

---

19 L. Berkhof, *Systematic Theology* (Grand Rapids: Wm. B. Eerdmans Pub. Co., 1976), p. 312.

예수님은 완전한 통치를 행하셨다. 완전한 제사장으로 백성들의 마음을 헤아리고 하나님께 기도하셨고, 나아가 스스로 제물이 되어 죽으심으로 백성들의 죄를 용서하셨다. 또한 완전한 선지자로 하나님의 뜻을 가장 완벽하게 전하셨다. 그것이 산상수훈을 비롯한 복음서의 말씀이다.

그래서 그분은 우리의 가장 완전한 중보자가 되시고, 완전한 구원자가 되시는 것이다. 그래서 그리스도라는 말을 직역하면 '기름부음 받은 자', 의역하면 '구원자'가 되는 것이다.

> 하나님은 한 분이시요 또 **하나님과 사람 사이에 중보자도한 분이시니** 곧 사람이신 그리스도 예수라(디모데전서 2:5)

예수님만이 유일한 중보자요, 유일한 구원자시다. 초대 예루살렘 교회에서 선포한 메시지의 핵심이 바로 예수가 그리스도라는 것 즉 완전한 중보자, 구원자 되심이었다.

> 그들이 날마다 성전에 있든지 집에 있든지 **예수는 그리스도라고** 가르치기와 전도하기를 그치지 아니하니라(사도행전 5:42)

> Day after day, in the temple courts and from house to house, they never stopped teaching and proclaiming the good news that **Jesus is the Christ.**(사도행전 5:42, NIV)

그러므로 우리가 "그 외아들 우리 주 예수 그리스도를 믿사오니"라고 고백할 때에는 하나님의 외아들, 이 땅에 오신 예수님이 우리의 유일한 구원자이심을 믿는다는 믿음으로 고백해야 한다.

4. 성자 하나님의 다른 직책은 '우리의 주님'이다.

예수님께는 여러 직책이 있다. 그중 가장 중요한 것이 바로 앞서 살펴본 '그리스도'와 우리가 지금 함께 살펴볼 '우리의 주님'이다.

> 도마가 대답하여 이르되 **나의 주님**이시요 나의 하나님이시
> 니이다(요한복음 20:28)

'주'라는 단어는 헬라어로 '큐리오스'(κύριος)다. 70인경(구약 히브리어 성경을 헬라어로 번역한 구약 성경)에는 무려 6,000번 이상이나 여호와를 큐리오스로 번역하였다. 즉, 주라는 말은 그분이 하나님이라는 뜻이다.

또한 큐리오스는 초대 교회 당시 로마 황제에 대한 표현이기도 했다. 다시 말해, 큐리오스는 왕을 지칭하던 단어이기도 했다. 따라서 예수님을 향해 '나의 주님'이라고 고백하는 것은

'예수님은 나의 왕'이라는 고백과 같다.

> 그 옷과 그 다리에 이름을 쓴 것이 있으니 **만왕의 왕이요**
> **만주의 주**라 하였더라(요한계시록 19:16)

지금까지 우리는 사도신경에 나온 성자 하나님에 대한 첫 번째 고백을 살펴보았다. '그 외아들'이라는 고백은 숫자적이고 생물학적인 의미가 아닌 독특한 성경의 표현으로 하나님을 가장 잘 보여줄 수 있는, 즉 본질이 같은 하나님이라는 뜻이었다. 그리고 '예수'라는 고백은 성자 하나님은 역사 속에 실존했던, 우리처럼 이름을 가진 실존의 인물임을 증명하였다. 또 '그리스도'라는 고백은 예수님께서 우리의 유일한 구원자가 되신다는 'The Christ'라는 의미를 가짐을 보았다. 마지막으로, '주님'이라는 고백은 예수님이 곧 하나님이요, 나의 왕이라는 뜻을 가지고 있음을 배웠다. 앞으로 우리가 사도신경을 암송할 때, 바라기는 우리가 살펴본 것과 같은 믿음을 가지고 고백할 수 있기를 소망한다.

나눔을 위한 질문

1. 우리가 하나님을 아는 신 인식론(神 認識論)의 네 가지는 무엇인가? 하나님을 알아가는 데 있어서 미토스의 영역에 대해서는 어떤 태도를 취해야 하는가?

2. 성자 하나님이 하나님의 '외아들'이라는 뜻은 어떤 의미인가?

3. 하나님의 아들이신 예수님의 직책은 '그리스도'다. 그리스도라는 말의 직역과 의역을 구분해서 설명해보라.

4. 당신은 언제 어떻게 예수님께서 당신의 그리스도가 되셨는지를 생각하고 나누어보라. 아직 그런 믿음을 고백한 적이 없다면 지금 고백해보라.

4장

성령으로 잉태하사
동정녀에게 나신 예수 그리스도

누가복음 1:35

3장에서 우리는 "그 외아들 주 예수 그리스도"에 대해서 살펴보았다. 예수님께서 하나님의 외아들이 되신다는 말씀은 '하나'(only one)의 뜻보다는 '독특한'(unique)의 뜻으로 해석해야 한다. 요한복음 10장 30절에 나오는 "나와 아버지는 하나이니라"는 말씀에서 '하나'는 숫자적으로 하나라는 뜻이 아니라 본질이 같다는 뜻이다. 그런데 이런 부분은 신 인식론의 방법 중 '미토스'에 해당되는 부분이다. 즉, 신비의 영역이다. 그러므로 이것은 논리적 이해보다는 칼빈이 말한 것처럼, 성경이 말씀하는 데까지만 가려는 태도가 필요하다. 어쨌든 하나님의 외아들이 우리를 위한 그리스도, 즉 구원자가 되셨다.

본장에서는 "성령으로 잉태하사 동정녀에게 나신 예수 그리스도"에 대해서 살펴보고자 한다.

1. 예수님은 '성령'으로 잉태하셨다.

사람의 생명이 만들어지는 과정에는 하나님의 일하심이 있다. 사람은 아버지와 어머니 사이에서 태어난다. 아버지의 정자와 어머니의 난자가 만나 수정되어 생명으로 만들어진다. 그런데 예수님은 달랐다. 성령으로 잉태되셨다. 마리아는 성령으로 하나님의 아들이신 예수님을 잉태하게 된다는 소식을 천사로부터 듣는다: "은혜를 받은 자여 평안할지어다. 주께서 너와 함께 하시도다. 보라 네가 잉태하여 아들을 낳으리니 이름을 예수라 하라. 그가 큰 자가 되고 지극히 높으신 이의 아들이라 일컬어질 것이다." 이에 마리아는 아주 당황스러웠다. 그리고는 다음과 같이 천사에게 물었다: "나는 남자를 알지 못합니다. 그런데 어떻게 아이를 낳을 수 있습니까?" 여기서 '남자를 알지 못합니다'라는 마리아의 말은 남자와 성관계를 가진 적이 없다는 말을 완곡하게 표현한 말이다. 남자와 잠자리를 같이 하지 않았는데 어떻게 아이를 가질 수 있단 말인가? 이때 천사의 대답이 바로 누가복음 1장 35절에 나온다.

천사가 대답하여 이르되 성령이 네게 **임하시고** 지극히 높으신 이의 능력이 너를 **덮으시리니** 이러므로 나실 바 거룩한 이는 하나님의 아들이라 일컬어지리라(누가복음 1:35)

여기서 "임하시고"의 원어는 에페르코마이(ἐπέρχομαι)로, '위로부터 임하다'[20]라는 뜻을 가지고 있다. 사도행전 1장 8절에서도 같은 단어가 사용되었는데, 거기서는 '영향을 끼치다'라는 뜻으로 사용되었다. 또한 "덮으시리니"의 원어는 에피스키아조(ἐπισκιάζω)로, '덮다, 그림자를 드리우다'[21]라는 뜻을 가지고 있다. 다시 말해, 예수님이 마리아에게 잉태된 것은 남자의 역할이 아니라는 것이다. 성령 하나님께서 새로운 창조로 예수님의 몸을 만드셨다는 뜻이다.

사실 유한한 인간의 머리로는 이해가 되지 않는 부분이다. 성경이 우리에게 예수님의 탄생과 성육신에 대해 말씀하고 있지만, 이것은 우리의 이성과 논리로 다 이해할 수 없는 신비로운 부분이다. 성령이 마리아에게 임하시고 덮으셨다는 말씀을 읽으면 창세기 1장 2절이 떠오른다.

20 Walter Bauer, *A Greek-English Lexicon of the New Testament*, tr. by William F. Arndt and F. Wilbur Gingrich (Chicago: The University of Chicago Press, 1979), p. 285.

21 Ibid., p. 298.

> 땅이 혼돈하고 공허하며 흑암이 깊음 위에 있고 하나님의
> 영은 수면 위에 **운행하시니라**(창세기 1:2)

"운행하시니라"는 성령이 지구 위에 운행하신다는 말이다. 그런데 원어에는 '덮는다'는 의미가 있다. 즉 "운행하시니라"는 히브리어로 라하프(רָחַף)인데, '어미 새가 알을 부화시키기 위해 품고 있다(brood)'[22]는 뜻이다. 성령이 지구를 품고 계시니 창조의 역사가 일어난 것이다. 혼돈과 공허가 있는 지구에 하나님의 창조의 역사가 왕성하게 일어났음을 말한다. 그리고 그 성령은 마리아에게 동일하게 임하셨다. 마리아를 품은 것이다. 그리고 거기서 성자 하나님이 인간의 몸을 입고 태어나는 생명의 역사가 일어났다. 그런데 여기서 끝이 아니다. 예수님의 탄생과 관련하여 또 하나의 특이한 점을 우리는 볼 수 있다.

2. 예수님은 '동정녀'에게서 나셨다.

'동정녀'(童貞女, virgin)는 처녀라는 말이다. 어떤 남자와도 성관계를 맺지 않은 여성을 가리킨다. 즉, 처녀가 아이를 가진 것

---

22 *A Hebrew Lexicon of the Old Testament*, p. 934.

이다. 숨겨진 남자가 있는 것이 아니라 성령 하나님의 전능하신 역사로 이루어졌다.

> 마리아가 천사에게 말하되 **나는 남자를 알지 못하니** 어찌 이 일이 있으리이까(누가복음 1:34)

> 천사가 대답하여 이르되 **성령이 네게 임하시고 지극히 높으신 이의 능력이 너를 덮으시리니** 이러므로 나실 바 거룩한 이는 하나님의 아들이라 일컬어지리라(누가복음 1:35)

> 대저 **하나님의 모든 말씀은 능하지 못하심이 없느니라**(누가복음 1:37)

마태복음 1장을 보면, 마리아가 예수님을 잉태하자 요셉의 고민이 깊어지는 모습을 볼 수 있다. 왜 아니겠는가! 함께 잠자리를 하지 않았는데, 자신의 약혼녀가 아이를 가졌으니 말이다. 하지만 요셉은 좋은 사람이었다. 그래서 조용히 파혼을 하고자 했다. 그런데 그때 천사가 요셉에게 나타나 말했다: "다윗의 자손 요셉아, 네 아내 마리아 데려오기를 무서워하지 마라. 그에게 잉태된 자는 성령으로 된 것이라." 뿐만 아니라 요셉은 마리아가 하나님의 아들 예수님을 낳기까지 동침하지 않았다. 우리는 이 말씀만 보아도 예수님은 동정녀, 즉 처녀에게서 태어나셨음을 분명히 알 수 있다. 그런데 천주교는 이것을 가지고 마리아는 평생 동정녀였다는 교리를 만들어 주장한다. 하지만 그것은 사실과 다르다. 성경에 그 근거가 있다.

> **아들을 낳기까지 동침하지 아니하더니** 낳으매 이름을 예수
> 라 하니라(마태복음 1:25)

무슨 말인가? 예수님을 낳은 후에는 요셉이 마리아와 동침했다는 뜻이다. 예수님의 동생들은 모두 그렇게 태어났다.

> 이는 그 목수의 아들이 아니냐 그 어머니는 마리아, 그 **형**
> **제들은 야고보, 요셉, 시몬, 유다**라 하지 않느냐 **그 누이들**
> 은 다 우리와 함께 있지 아니하냐 그런즉 이 사람의 이 모
> 든 것이 어디서 났느냐 하고(마태복음 13:55~56)

천주교는 이 동생들이 모두 사촌이라고 주장한다. 성경은 "그 목수의 아들 …… 그 형제들은 …… 그 누이들은 ……"이라고 했다. 이것은 예수님을 배척하던 사람들의 말이었다. 그러므로 이는 사실이다. 천주교는 마리아를 존경하다 못해 사실을 왜곡하여 주장하는 것이다. 우리 기독교는 마리아를 존경하되, 신적 존재로 여기지는 않는다. 그녀는 존경스러운 성도일 뿐이지, 하나님은 아니다.

> 집에 들어가 **아기**와 그의 **어머니 마리아가 함께** 있는 것을

보고 **엎드려 아기께 경배하고** 보배합을 열어 황금과 유향
과 몰약을 예물로 드리니라(마태복음 2:11)

동방박사들은 아기 예수님을 만났을 때, 예수님께만 경배
하였다. 다시 말해, 어머니 마리아에게 경배하지는 않았다. 비
록 예수님께서 아기의 몸을 입고 계셨지만, 동방박사들은 성
령의 감동으로 예수님이 전능하신 하나님이라는 것을 알았던
것이다. 그렇다면, 예수님은 왜 굳이 성령의 역사로 처녀의 몸
에 잉태되어 아기로 태어나셨을까?

그것은 예수님께서 이 땅에 오신 목적과 관련이 있다. 예수
님은 인류를 구원할 구원자로 이 땅에 오셨다. 때문에 인류의
죗값을 짊어지고 죽을 수 있는 분으로 오셔야 했다. 즉, 사람
의 몸을 입어야만 한 것이다. 또한 대속의 제물이 되기 위해서
는 죄가 없어야 한다. 이 두 가지 이유로 예수님께서는 성령으
로 잉태하사 동정녀 마리아에게서 나시게 된 것이다. 이에 대
해 히브리서는 다음과 같이 증언한다.

우리에게 있는 대제사장은 우리의 연약함을 동정하지 못
실 이가 아니요 모든 일에 **우리와 똑같이 시험을 받으신 이**
로되 죄는 없으시니라(히브리서 4:15)

예수님께서는 우리와 똑같은 인성을 입으셨지만, 하나님이

시기에 죄가 없으신 분이다. 즉, 인성(人性)과 신성(神性)을 모두 가지신 분이었다. 그래서 우리의 완전한 속죄제물이 되실 수 있었다.

> **그는 근본 하나님의 본체**시나 하나님과 동등됨을 취할 것으로 여기지 아니하시고 오히려 **자기를 비워 종의 형체를 가지사 사람들과 같이 되셨고**(빌립보서 2:6~7)

예수님은 완전하신 하나님이요, 완전하신 인간이셨다. 만약 예수님의 신성과 인성 중에 어느 하나만이라도 부족하다고 말한다면, 그건 성경을 바로 이해하지 못한 것이고 나아가 이단이다. 역사적으로 몇 가지 사건을 살펴보자.

A.D. 4세기 라오디게아의 주교인 아폴리나리우스(Apollinarius)[23]는 "예수님은 몸과 영혼은 인간이지만, 정신은 하나님입니다"라고 주장했다. 다시 말해, 완전한 인간이 아니라는 주장이었다. 동시에 완전한 하나님도 아니라는 주장이었다. 그래서 381년 콘스탄티노플 종교회의에서 이단으로 정죄되었다.

---

23 cf. 《기독교 강요》 영어판 vol. 1, p. 494.

A.D. 428년 콘스탄티노플 대주교였던 네스토리우스(Nesto-rius)는 "예수님은 신성과 인성이 각기 독립되어 있어서 음식을 잡수시거나 고통을 당하는 것은 인성이 당했고, 교훈을 행한 것이나 기적을 행한 것은 신성이 한 것이다"라고 주장하였다. 즉 완전한 하나님도, 완전한 인간도 아니라는 주장이었다. 그러자 알렉산드리아 주교였던 크릴루스(Cyrillus)가 반박하고 일어났다. 그는 예수님은 신성과 인성이 완전한 통일을 이루고 있는 분이심을 주장하였고, A.D. 431년에 에베소 공의회가 모여서 네스토리우스를 이단으로 정죄하였다.

이후 네스토리우스는 콘스탄티노플에서 쫓겨나 인도와 중국까지 가서 전도를 했다. 그것을 '경교'라고 하는데, 경교는 우리나라 삼국시대의 신라에까지 전해졌다. 그 증거로 금강산에서는 경교비가, 경주에서는 십자가가 발굴되었다.

A.D. 448년에 또 문제가 일어났다. 유티케스(Eutyches)라는 사람이 나타나서 주장하기를, 예수님은 보기에는 사람 같지만 실제로는 하나님일 뿐이라고 했다. 신성은 인정하지만, 인성은 거부했던 것이다. 그런데 A.D. 449년 알렉산드리아의 대주교 디오스쿠루스(Dioscurus)가 유티케스의 이론을 받아들였다. 이단인데 받아들였던 것이다.

이에 로마의 주교였던 레오 1세가 A.D. 451년에 황제의 도움을 받아 약 600여 명의 주교들을 소아시아 칼케돈(Chalce-don)에 모이게 했다. 이 회의는 기독교 역사상 가장 많은 주교들이 모였던 회의로 기록된다. 무엇보다 이 회의에서 〈칼케돈 신조〉가 만들어지게 되었다. 그 전문을 살펴보자.

칼케돈 신조

그리스도는 신성도 완전하고 인성도 완전하다. 그리스도는 완전한 신성을 가지고 계시고, 또 완전한 인성을 가지고 계셔서 진정한 하나님이시오, 또한 진정한 사람이다. 그리고 예수님의 신성과 인성은 두 성격이 서로 혼동되어 있지 않고, 하나가 다른 것으로 들어가서 잠입하지도 않고 그 기근에 따라서 서로 대조되어 있지도 않고, 그리고 그 특성이 연합함으로써 없어지지도 않는다.[24]

우리가 신앙을 고백하는 웨스트민스터 신앙고백의 예수님에 대한 부분도 이 칼케돈 신조를 따르고 있다.[25]

---

24 손봉호, 《사도신경》, pp. 35-37.

25 《웨스트민스터 신앙고백》 제8장 2조 참조.

여기서 가현설주의(假現說主義, Docetism)도 무너진다. 가현설주의란 예수님의 몸은 환상일 뿐 혈과 육을 가진 인간이 아니었다는 주장이다. 이는 예수님의 인성을 거부한 이단이다. 가현설주의는 물질을 악으로 간주한 영지주의 이단의 영향을 받은 것으로, '예수님이 어떻게 사람이 될 수 있나? 사람의 몸도 물질이고 물질은 악한 것인데 어떻게 성육신 하실 수 있나?'라는 것이다. 즉 예수님은 완전한 인간이 아닌 인간의 육체를 가진 것처럼 보일 뿐이라는 주장이다. 이것은 성경의 가르침이 아니라 헬라 철학의 영향을 받았다.[26] 이는 잘못된 주장이다. 예수님은 신성(divinity)과 인성(humanity)을 완벽하게 가지신 분이다!

성령으로 잉태하사 동정녀 마리아에게서 나신 예수님은 우리에게 어떤 의미가 있는가? 이 질문은 하이델베르크 교리문답 제36번 질문이기도 하다: "그리스도의 거룩한 잉태와 탄생으로 당신은 어떤 유익을 얻습니까?" 이에 대한 답은 "그가 우리의 중보자이시라는 것과 그의 순수하심과 온전한 거룩하심이 하나님 앞에서 나의 죄를 덮으시는 유익을 얻습니다"이다.

---

26 Michael Horton, 《사도신경의 렌즈를 통해서 보는 기독교의 핵심》(서울: 부흥과 개혁사, 2010), p. 111.

예수님은 완전한 신성과 인성을 가지신 분이기에, 중보자가 되신다. 또 대속제물이 되신다. 다시 말하면 십자가에서 죽으신 그분을 통해 우리가 죄를 용서받아 구원받게 된 것이다. 이것이 바로 성령으로 잉태하사 동정녀 마리아에게서 나신 예수님으로 얻은 우리의 유익이다. 가장 큰 은혜다.

창조주가 인간의 몸을 입은 은혜는 놀랍고 놀랍다. 뿐만 아니라 그 몸을 입으시고 하나님과 우리 사이에 중보자가 되셔서 하늘과 땅 사이에 매달려 중보자로서 죽으신 예수님! 우리의 구원자 되신 그 크신 은혜에 감사하며 생애를 주님께 드리는 우리가 되길 소망한다.

나눔을 위한 질문

1. 예수님의 잉태도 미토스에 속한 영역이다. 예수님의 잉태와 창세기 1장 2절을 연결하여 설명해보라.
2. 동정녀(童貞女, virgin)라는 말의 의미를 나누어보라. 어떤 종교는 예수님의 어머니 마리아의 평생 동정녀설을 주장한다. 이것은 왜 문제가 되는가?
3. 예수님께서 왜 동정녀에게서 나셔야 했는지 성경적, 신학적 이유를 말해보라.
4. 가현설주의(假現說主義, Docetism)가 틀렸다는 것을 예수님의 신성(divinity)과 인성(humanity)을 가지고 설명하며 이와 관련한 이 시대의 이단을 비판해보라.

5장

빌라도에 고난 받으사 십자가에 죽으신 예수 그리스도

요한복음 19:15~18

4장에서 우리는 "성령으로 잉태하사 동정녀에게서 나신 예수 그리스도"에 대해서 살펴보았다. 예수님의 잉태도 사실은 미토스에 속한 영역이다. 인간의 이성, 즉 로고스로 다 파악할 수 없는 영역이다. 어떻게 처녀 혼자서 아기를 가질 수 있다는 말인가? 그러나 예수님께서 우리의 구원자가 되기 위해서는 죄 없는 인간으로 오셔야 했다. 그러기 위해서는 죄성을 가진 인간 남자와 여자 사이에서 태어나지 않아야 했다. 그러면서도 인간이어야 했다. 그래서 성령으로 잉태되심으로 인간의 죄성을 물려받지 않은 것이다. 죄 없는 인간이 되어 인간의 죄를 속죄하기 위해서는 이 길밖에 없었다. 모든 사람이 죄인이기에 우리의 죄를 대속할 인간은 단 한 명도 없다. 그래서 성자 하나님이 이 땅에 오신 것이다. 그러나 그분의 신성도 손상되면 안 되었다. 그래서 성령의 주도적인 창조의 사역을 통해 임신되심으로써 예수님은 완전한 신성(divinity)과 완전한 인성(humanity)을 가진 분이 되실 수 있었고, 그래서 우리의 죄를 속죄하는 역할을 감당할 수 있었던 것이다.

본장에서는 "빌라도에게 고난 받으사 십자가에 죽으신 예수 그리스도"에 대해서 살펴보고자 한다.

사도신경에는 예수님에 대한 고백이 가장 많다. 그런 면에서 사도신경은 기독론 중심이라고 할 수 있다. 그렇다면, 기독론이란 무엇인가?

'기독'(基督)은 영어로 '크라이스트'(Christ), 헬라어로 '크리스토스'(Χριστός), 히브리어로 '메시야'(מָשִׁיחַ)와 같은 단어다(50쪽 참고). 이 단어들은 모두 '구원자'라는 뜻으로, 나사렛 예수께서 그리스도(구원자)이심을 지칭한다. 따라서 기독론은 우리의 구원자이신 예수님에 대한 신학이론이다. 기독론은 신·구약 성경 전체에 나오는 예수님에 대한 말씀을 모두 종합하여 정리한 것이다. 때문에 사도신경이 기독론 중심이라는 말은, 예수님 중심의 신앙고백이라는 뜻이다.

너희가 성경에서 영생을 얻는 줄 생각하고 성경을 연구하

거니와 **이 성경이 곧 내게 대하여 증언하는 것**이니라(요한

복음 5:39)

성경은 인류의 기원, 역사, 문화, 예술, 정치 등 많은 내용을
담고 있다. 하지만 핵심은 예수님을 그리스도(구원자)로 믿어
구원받게 하는 것이다.

오직 이것을 기록함은 너희로 **예수께서 하나님의 아들 그**

리스도이심을 믿게 하려 함이요 또 너희로 믿고 **그 이름을**

힘입어 생명을 얻게 하려 함이니라(요한복음 20:31)

헬라어에 '생명'이라는 단어 중 '조에'($\zeta\omega\acute{\eta}$)라는 단어는 영
생(요한일서 5:11~12, $\zeta\omega\grave{\eta}\nu\ \alpha\acute{\iota}\acute{\omega}\nu\iota\omicron\nu$)을 의미한다. 요한복음 20장 31
절에 '조에'($\zeta\omega\acute{\eta}$)가 사용되었다. 즉 성경을 기록한 목적은, 나
사렛 예수께서 하나님의 아들이며 우리로 하여금 그리스도가
구원자이심을 믿게 하기 위함이다. 나아가 그 결과로 영원한
생명(구원)을 얻게 하는 것이다.

성경은 인간을 구원하기 위한 목적으로 주어진 하나님의
말씀이기에, 성경에 근거한 사도신경은 당연히 기독론 중심
일 수밖에 없다. 물론 삼위일체 하나님 모두 소중한 분이다.
하지만 우리의 구원을 위해 인간의 몸을 입고 이 땅에 오신,

그리고 십자가에서 대속제물로 죽으신 예수님은 우리의 구원의 역사를 이루신 분이기에 신앙고백에서 가장 긴 것이다.

1. 본디오 빌라도에게 고난을 받으신 예수님

본디오 빌라도는 예수님 당시 유대의 총독으로, 로마 황제 티베리우스가 임명해 유대에 총독으로 왔다. 로마의 역사가 디도(Titus)에 의하면, 빌라도는 A.D. 26~36년까지 유대의 총독으로 있었다고 한다. 또 유대의 역사가 필로(Philo)에 의하면, 예수라는 사람이 민란을 일으켰을 때 총독 빌라도가 그를 A.D. 30년에 십자가형에 처했다고 한다. 그들보다 몇십 년 후에 활동했던 유대 역사가 요세푸스(Flavius Josephus)도, 빌라도가 너무 혹정을 하여 시저가 그를 로마로 소환했다고 기록한다. 우리는 이러한 사실을 통해 사도신경에 등장하는 본디오 빌라도가 역사적 인물이었다는 것을 알 수 있다.[27]

> 그들이 예수를 가야바에게서 관정으로 끌고 가니 새벽이라 그들은 더럽힘을 받지 아니하고 유월절 잔치를 먹고자 하여 관정에 들어가지 아니하더라(요한복음 18:28)

---

27 김중기,《우리들의 신앙고백 사도신경》(서울: 두란노, 2010), p. 60.

예수님을 고발하는 유대인들이 대제사장 가야바의 집에서 총독 관저로 예수님을 끌고 갔다. 이에 총독 빌라도가 물었다: "무슨 일로 이 사람을 고발하느냐?" 이에 그들이 대답했다: "이 사람이 죄를 짓지 않았다면 우리가 고발하겠습니까?" 빌라도는 유대인들이 예수님을 처벌하길 바랐다. 하지만 당시 유대는 로마의 식민통치를 받고 있었기에, 사형은 총독의 허락이 있어야만 했다. 그래서 총독 빌라도에게 고발한 것이다.

> 빌라도가 이르되 너희가 그를 데려다가 너희 법대로 재판하라 **유대인들이 이르되 우리에게는 사람을 죽이는 권한이 없나이다** 하니 (요한복음 18:31)

결국 빌라도는 재판을 하고 판결을 내렸다.

> 이에 예수를 십자가에 못 박도록 그들에게 넘겨 주니라 (요한복음 19:16)

그렇다면, 빌라도가 판결한 예수님의 죄목은 무엇일까?

> 빌라도가 패를 써서 십자가 위에 붙이니 **나사렛 예수 유대인의 왕**이라 기록되었더라 (요한복음 19:19)

빌라도는 죄패에 "나사렛 예수 유대인의 왕"이라고 썼다. 이는 당시 로마 황제의 식민통치가 유대 나라에 있었던 때이므로, 유대인의 왕이라는 말은 결국 로마 황제에 반항하는 내란 음모의 수괴라고 하는 죄를 예수님께 뒤집어씌운 것이다. 하지만 빌라도는 예수님께 혐의가 없음을 믿었다.

> 이러하므로 **빌라도가 예수를 놓으려고 힘썼으나** 유대인들이 소리 질러 이르되 **이 사람을 놓으면 가이사의 충신이 아니니이다 무릇 자기를 왕이라 하는 자는 가이사를 반역하는 것이니다**(요한복음 19:12)

빌라도는 예수님의 무혐의를 알고 있었지만, 유대 군중들의 거센 요청에 결국 굴복한다.

> 그들이 소리 지르되 없이 하소서 없이 하소서 **그를 십자가에 못 박게 하소서** 빌라도가 이르되 내가 너희 왕을 십자가에 못 박으랴 **대제사장들이 대답하되 가이사 외에는 우리에게 왕이 없나이다** 하니 이에 **예수를 십자가에 못 박도록 그들에게 넘겨 주니라**(요한복음 19:15~16)

그렇다면, 빌라도는 왜 무죄한 예수님을 그것도 하필 반란죄를 적용하여 십자가형을 받게 했을까? 우리는 다음의 말씀을 통해 그 해답을 찾을 수 있다.

> 빌라도가 아무 성과도 없이 **도리어 민란이 나려는 것을 보**
> **고** 물을 가져다가 무리 앞에서 손을 씻으며 이르되 이 사
> 람의 피에 대하여 나는 무죄하니 너희가 당하라(마태복음
> 27:24)

빌라도는 민란이 일어나면 황제의 신임을 잃어버릴까 두려웠다. 총독으로서 유대의 치안을 제대로 유지하지 못했다는 문책을 당할까 봐 두려운 나머지, 그는 무죄한 예수님을 반란 죄인으로 몰아 사형 판결을 내렸다. 그는 자신의 무죄를 주장하겠지만, 당시 사법권을 가졌던 로마의 총독으로서 그 책임은 피할 수가 없다. 그래서 지난 2천 년간 수많은 성도들이 사도신경으로 신앙을 고백할 때마다 그의 이름이 언급된 것이다. 우리는 빌라도를 통해 나 자신의 모습을 돌아보아야 한다. 혹 나도 눈앞의 이익을 위해 불의를 행한 적은 없는지, 나 자신의 이익을 위해 다른 사람에게 큰 피해를 준 일은 없는지 말이다. 빌라도는 성공을 추구하다가 영원히 망하는 길을 갔다.

1912년 한국에 들어온 미국인 선교사 엘리자베스 요한나 쉐핑(Elizabeth J. Shepping)은, 우리나라에서 치열하게 복음을 전하다가 결국 병에 걸려 54세를 일기로 생을 마감하였다. 그런 그분의 침대 머리에는 다음과 같은 짧은 글이 기록되어 걸려 있었다고 한다: "성공이 아니라 섬김이다!"(Not success, but service!) 쉐핑은 섬김으로 영원히 사는 길을 갔다.

세계은행 총재인 김용 박사를 인터뷰하여 백지연이 기록한 《무엇이 되기 위해 살지 마라》(알마)의 226쪽을 보면, 그는 다트머스대학교 총장 때의 성공을 다음과 같이 정의한다: "누군가가 되고자 하는 것이 아니라 무엇인가를 하는 것입니다. 내가 세상을 위해 일하기보다 내 지위를 지키려고 노력할 때 나는 스스로 이 일에서 물러날 것입니다. 다트머스대학교 총장의 자리는 지위를 누리기 쉬운 자리입니다. 정말 좋은 직업이니까요. 그래서 이런 직업의 함정은 사람이 변해서 이 지위를 누리게 되기 쉽다는 것입니다." 그의 목표는 성공이 아닌 섬김이었던 것이다. 그러다 보니 그는 진짜 성공을 거두게 되었다. 예수님처럼 섬김을 추구하다가 진정한 승자가 된 것이다. 그런데 빌라도는 성공을 추구하다 몰락했다. 당신은 어떤 인생이 되길 바라는가? 부디, 성공을 추구하기보다 섬김을 추구하길 바란다. 빌라도를 반면교사 삼을 수 있길 바란다.

2. 십자가에 못 박혀 죽으신 예수님

예수님께서는 빌라도에게 십자가형을 받아 처형을 담당하는 사람들에게 넘겨졌다.

이에 예수를 **십자가에 못 박도록** 그들에게 넘겨 주니라(요한복음 19:16)

그리고 예수님께서는 십자가에 못 박히셨다.

그들이 거기서 **예수를 십자가에 못 박을새** 다른 두 사람도 그와 함께 좌우편에 못 박으니 예수는 가운데 있더라(요한복음 19:18)

예수님께서는 구약의 예언대로 십자가에서 숨지셨다.

예수께서 신 포도주를 받으신 후에 이르시되 **다 이루었다 하시고 머리를 숙이니 영혼이 떠나가시니라**(요한복음 19:30)

그런데 예수님께서는 왜 다른 방법이 아닌 십자가에서 죽으셨을까? 단편적으로, 그 이유는 빌라도의 판결이 반란죄였기 때문이다. 하지만 예수님께서 십자가에서 죽으신 진짜 이유에는 더 깊은 의미가 있다. 바로 구약 성경의 예언 성취다.

그 시체를 나무 위에 밤새도록 두지 말고 그 날에 장사하여 네 하나님 여호와께서 네게 기업으로 주시는 땅을 더럽히지 말라 **나무에 달린 자는 하나님께 저주를 받았음이니라** (신명기 21:23)

구약 당시, 시대적 상황에서 보면 예수님의 십자가 죽음은 분명 저주의 죽음이다. 이에 바울은 예수님의 십자가 죽음에 대해 다음과 같이 설명한다.

> 그리스도께서 우리를 위하여 저주를 받은 바 되사 율법의 저주에서 우리를 속량하셨으니 기록된바 **나무에 달린 자마다 저주 아래에 있는 자라 하였음이라**(갈라디아서 3:13)

그런데 여기서 바울은 예수님께서 받으신 저주가 예수님 자신의 죄 때문에 받은 저주가 아닌 우리(나)를 위한 저주라고 말씀한다. 즉, 나와 우리 모두를 위해 대신 받으신 저주인 것이다. 이것을 이승구 박사는 '대리적(substitution) 저주, 대속적 저주, 교환된 저주(an exchanged curse)'[28]라고 말한다. 하나님의 영원한 시간표 안에서 2천 년 전에 우리 모두를 위해 이루어졌다고 말씀하는 것이다. 그렇다면, 우리(나)가 왜 죄인일까?

> 여호와를 **배반하고 따르지 아니한 자들**과 여호와를 **찾지도 아니하며 구하지도 아니한 자들**을 멸절하리라(스바냐 1:6)

죄의 뿌리는 하나님께 대한 반역이다. 그리고 죄의 열매는 온갖 죄들이다. 예수님께서는 십자가에서 죽으심으로 우리가 받아야 할 죄의 형벌, 지옥의 고통을 다 치러주신 것이다. 이

---

28 이승구, 《사도신경》 (서울: SFC 출판부, 2011), p. 189.

처럼 예수님께서 십자가에서 죽으신 것이 대리적, 대속적, 교환적으로 저주를 받은 것이라는 성경의 주장은 참 많다. 베드로도 다음과 같이 주장한다.

> **친히 나무에 달려 그 몸으로 우리 죄를 담당하셨으니** 이는 우리로 죄에 대하여 죽고 의에 대하여 살게 하려 하심이라 그가 채찍에 맞음으로 너희는 나음을 얻었나니(베드로전서 2:24)

> **그리스도께서도 단번에 죄를 위하여 죽으사** 의인으로서 불의한 자를 **대신하셨으니** 이는 **우리를 하나님 앞으로 인도하려 하심이라** 육체로는 죽임을 당하시고 영으로는 살리심을 받으셨으니(베드로전서 3:18)

다시 바울의 증언을 살펴보자.

> 하나님이 **죄를 알지도 못하신 이를 우리를 대신하여 죄로 삼으신 것은** 우리로 하여금 그 안에서 하나님의 의가 되게 하려 하심이라(고린도후서 5:21)

지금부터 200여 년 전, 미국의 동부 뉴잉글랜드의 어떤 마을에서 있었던 일이다. 당시 미국은 철저한 청교도 사회였다. 그래서 그곳에는 술집도 없고, 매춘부도 없었다. 그렇게 철저하게 하나님만을 섬기던 청교도 마을에서 어느 처녀가 임신을 하였다. 추방을 당하거나 돌에 맞아 죽을 수 있는 상황이었다. 그래서 동네 어른들이 아기 아빠를 추궁했다. 결국 임신을 한 처녀가 입을 열었는데, 아기의 아빠는 늘 검은 옷을 입고 마을에서 궂은 일이 있으면 돌봐주던 수도사라는 것이다. 그러자 그 처녀가 풀려나고 수도사가 잡혀왔다. 사람들은 수도사를 비난하고, 침을 뱉고 따귀를 때렸다. 수도사는 아무런 변명도 하지 않고, 자기가 그렇게 했다며 용서해 달라고 빌었다. 그러나 마을 사람들은 그를 발로 차고 추운 겨울 감옥에 가두었다. 수도사는 감기에 걸렸고, 그것이 폐렴으로 번져 감옥에서 죽음을 맞았다. 자신의 죗값으로 죽은 것이다. 수도사가 죽자, 그의 장례를 치르기 위해 옷을 벗겨 염을 하려고 했다. 그런데 이게 웬일인가? 옷을 벗겨보니 그 수도사는 남자가 아닌 여자였다. 그는 그 처녀를 살리기 위해 죄를 대신 뒤집어 쓴 것이다.[29] 이 일화가 예수님의 십자가의 대속을 다 설명해주지는 못하지만, 대신 저주를 받으셨다는 것을 보여주고 있다.

예수님께서는 왜 십자가에 달리셨는가? 그것이 저주의 형틀이기 때문이다. 거기서 주님은 죄로 말미암아 우리가 받을 저주를 대신 담당하셨다. 그 결과 저주의 십자가가 이제는 우리를 저주로부터 해방시키는 은혜의 도구가 되었다. 가장 큰

---

29 김인환,《십자가의 신앙》(서울: 쿰란출판사, 2010), pp. 15-17.

복의 도구가 된 것이다. 바울은 다음과 같이 고백한다.

> **십자가의 도**가 멸망하는 자들에게는 미련한 것이요 **구원을 받는 우리에게는 하나님의 능력**이라(고린도전서 1:18)

> 그러나 내게는 **우리 주 예수 그리스도의 십자가 외에 결코 자랑할 것이 없으니** 그리스도로 말미암아 세상이 나를 대하여 십자가에 못 박히고 내가 또한 세상을 대하여 그러하니라(갈라디아서 6:14)

그렇다면, 우리는 어떻게 살아야 하는가?

1) 십자가만으로 구원받음을 확신하라.

> **십자가의 도**가 멸망하는 자들에게는 미련한 것이요 **구원을 받는 우리에게는 하나님의 능력**이라(고린도전서 1:18)

이는 성경의 약속이요, 하나님의 말씀이다.

2) 십자가를 바라보며, 세상의 죄를 못 박는 삶을 살라.

> 그러나 내게는 **우리 주 예수 그리스도의 십자가 외에 결코 자랑할 것이 없으니** 그리스도로 말미암아 세상이 나를 대하여 십자가에 못 박히고 내가 또한 세상을 대하여 그러하니라(갈라디아서 6:14)

여기서 말하는 세상은 우리가 살고 있는 사회를 말하는 것이 아니라 죄악된 죄성과 행동을 의미한다. 습관과 인격을 말하는 것이다. 십자가의 은혜로 구원받았다면, 우리는 어떻게 살아야 하는가? 나를 위해 그 엄청난 저주와 형벌을 받으신 주님께 감사하며 내 안에 있는 죄악들을 하나씩 죽여가야 하지 않을까?

3) 고난 받을 때 십자가의 주님을 본받으라.

> 믿음의 주요 또 온전하게 하시는 이인 예수를 바라보자 그는 그 앞에 있는 기쁨을 위하여 **십자가를 참으사** 부끄러움을 개의치 아니하시더니 하나님 보좌 우편에 앉으셨느니라 너희가 피곤하여 낙심하지 않기 위하여 죄인들이 이같이 자기에게 거역한 일을 **참으신 이를 생각하라**(히브리서 12:2~3)

고난은 버티는 것이다. 십자가에서 버티신 예수님만 바라보며 견디는 것이다. 당신 앞에 있는 고난, 예수님의 십자가에 비해 어찌 크다고 말할 수 있겠는가? 하지만 세상에서 제일 힘든 고난이 내가 당하는 고난이라고 한다. 옆 사람이 당하는 고난이 아무리 커도 내 고난보다 크게 느껴지지 않는다. 그러나 눈을 열어 보면 예수님의 고난이 얼마나 큰지를 알게 되고, 거기서 참으시고 인내하심으로 승리하신 예수님을 바라볼 수 있게 된다. 십자가를 바라보며 고난을 이기는 은혜가 있기를 바란다.

4) 사명의 십자가를 지고 주님을 따라가라.

> 이에 예수께서 제자들에게 이르시되 누구든지 나를 따라오려거든 자기를 부인하고 **자기 십자가를 지고 나를 따를 것이니라**(마태복음 16:24)

우리는 흔히 말하기를 나의 가족이 십자가다, 또는 남편이나 아내가 십자가라고 한다. 한 예를 보자. 어느 젊은 목사님이 사모님을 너무 좋아해 결혼을 하였다. 그런데 어느 날 부부 싸움을 심하게 한 뒤 회의를 느끼게 되어, 상호 동의하에 이혼하기로 했다. 그리고 이혼하기 전에 잠시 떨어져서 기도를 한 뒤 다시 만나기로 했다. 하지만 며칠 뒤에 만난 남편 목사님은 아내 사모님께 다음과 같이 말하는게 아닌가: "내 기도하다 보니까 예수님께서 십자가를 지고 나를 따르라고 하는데 니가 내 십자가 아이가? 십자가 안지고 따라가면 주님을 따라갈 수 없는데, 니가 내 십자가니까 너 지고 따라가야 되겠다." 가족으로 인한 고통도 십자가일 수 있다.

지금은 고통의 십자가일 수 있지만, 계속 지면 영광의 십자가가 될 것이다. 이처럼 가족이 나의 십자가일 수 있고, 교회

생활도 나의 십자가가 될 수 있다. 자신의 십자가를 지고 예수님을 따라가라. 그러다 보면 하나님께서 그 십자가가 나의 자랑과 면류관이 되게 하는 날을 주실 것이다.

> 죄가 있어 매를 맞고 참으면 무슨 칭찬이 있으리요 그러나 **선을 행함으로 고난을 받고 참으면 이는 하나님 앞에 아름다우니라** 이를 위하여 너희가 부르심을 받았으니 그리스도도 너희를 위하여 고난을 받으사 **너희에게 본을 끼쳐 그 자취를 따라오게** 하려 하셨느니라(베드로전서 2:20~21)

5) 십자가에 못 박힌 그리스도를 전파하라.

> 하나님의 지혜에 있어서는 이 세상이 자기 지혜로 하나님을 알지 못하므로 **하나님께서 전도의 미련한 것으로 믿는 자들을 구원하시기를 기뻐하셨도다** 유대인은 표적을 구하고 헬라인은 지혜를 찾으나 **우리는 십자가에 못 박힌 그리스도를 전하니** 유대인에게는 거리끼는 것이요 이방인에게는 미련한 것이로되 오직 부르심을 받은 자들에게는 유대인이나 헬라인이나 **그리스도는 하나님의 능력이요 하나님의 지혜니라**(고린도전서 1:21~24)

나도 그 전도의 미련한 것을 통해서 1968년 12월 25일에 교회 나가 예수를 믿고 구원받게 되었다. 십자가가 구원의 능력이다. 십자가에 달리신 그리스도만이 구원의 능력임을 믿으

라. 그리고 이 그리스도의 십자가를 증거하는 삶이 우리의 인생이 되길 바란다. 그래서 저주받을 사람이 구원받는 사람이 될 수 있도록 섬기는 우리 모두가 되길 바란다.

우리는 지금까지 살펴본 사도신경 중 "본디오 빌라도에게 고난을 받으사 십자가에 못박혀 죽으시고" 부분을 통해 다음과 같은 사실을 확인하고 배웠다.

첫째, 예수님께서는 역사 속에 실존하셨던 인물이다. 둘째, 십자가는 우리를 위해 대신적, 대속적, 교환적 저주를 받은 것이어서 그것만이 우리를 우리의 죄에서 구원한다. 그러므로 이제 우리는 이 십자가에 달리신 예수님만으로 구원받는 것을 다시 한 번 확신하고, 그 은혜에 감사하여 내 인격과 행동 안에 있는 세상적인 죄를 죽이는 삶을 살아야 한다. 또한 고난받을 때에 예수님의 십자가를 생각함으로 참고 하나님께서 주실 최후의 승리를 기다리며 사명의 십자가를 감당해야 한다. 우리 모두 십자가에 달리신 그리스도를 전파하는 복음 전도자의 삶을 살아가길 소망한다.

나눔을 위한 질문

1. 사도신경은 기독론(基督論) 중심이다. 즉 예수님에 대한 고백이 가장 많다. 그 이유는 무엇인가?

2. 빌라도라는 한 인물의 생애를 보면서 그 인생의 문제는 무엇이라고 생각하는가? 혹시 나는 그런 목표를 가지고 사는 사람은 아닌가?

3. 십자가에서 우리 대신 저주를 받으신 예수님을 생각하며 우리는 예수님의 십자가에 대해 무슨 생각을 하며 어떤 삶을 살아야 하는가?

4. 내가 이 구원의 십자가를 전할 전도 대상자는 누구인가? 나는 그를 위해 어떻게 기도하고, 어떻게 섬기며, 어떻게 내가 섬기는 교회로 그를 인도할 것인가?

6장

다시 사시고 하늘에 오르신 예수 그리스도

고린도전서 15:12~20

5장에서 "빌라도에게 고난 받으사 십자가에 죽으신 예수 그리스도"에 대해서 살펴보았다. 성공을 위해서 진실을 외면한 빌라도를 통해 우리는 '성공이 아닌 섬김'을 추구해야 한다는 교훈을 얻었다. 성공을 추구한 그의 이름은 지난 이천 년간 수많은 성도들이 사도신경으로 신앙고백을 할 때 좋지 않은 의미로 불려졌다. 동시에 빌라도 총독이라는 역사적 인물을 통해 예수님의 십자가 사건이 역사적 사건이었음을 확인할 수 있었다. 나아가 십자가만이 우리를 구원하시는 하나님의 유일한 대안이었음을 살펴보았고 구원을 확신했다. 그리고 이 구원의 복음을 우리의 가족과 이웃에게 전하기로 결단했다.

본장에서는 "다시 사시고 하늘에 오르신 예수 그리스도"에 대해서 살펴보고자 한다.

1. 부활하신 예수님

우리가 믿는 예수님께서는 십자가에 죽으시고 장례한 지 삼 일 만에 부활하셨다고 성경은 말씀한다. 그런데 정말 부활하신 게 사실일까? 결론부터 이야기하면 사실이다! 예수님께서 부활하셨다는 증거를 살펴보자.

1) 예수님의 부활을 목격한 사람들의 변화가 바로 그 증거다.

① 베드로의 변화

예수님께서 체포되고 심문을 받을 때 베드로는 겁이 났다. '내가 예수님의 수제자라는 것이 발각되면, 나도 예수님처럼 재판받고 죽을 수 있는데……'라는 두려운 마음에서 말이다. 그러나 그는 인정상 예수님께서 재판받는 자리까지는 따라갔다. 그러다가 한 여종이 당신도 저 나사렛 예수와 함께 있었지 않느냐고 물었을 때, 두려운 나머지 예수님을 세 번이나 부인하고 말았다. 심지어 저주하면서까지 부인했다. 그때 닭이 울었다. 새벽닭이 울기 전에 세 번 나를 부인할 것이라는 예수님의 말씀이 그제야 생각이 난 베드로는 밖에 나가 심히 통곡했다(마태복음 26:69~75). 그런데 이게 웬일인가? 사도행전을 보니, 이 베드로가 수많은 사람들 앞에서 두려움 없이 당당하게 예수님을 우리의 구원자 즉 그리스도라고 선포하는 게 아닌가!

그런즉 이스라엘 온 집은 확실히 알지니 **너희가 십자가에 못 박은 이 예수를 하나님이 주와 그리스도가 되게** 하셨느니라 하니라(사도행전 2:36)

베드로는 다른 제자들과 함께 예수님께서 십자가에 죽으심으로 인해 모든 것이 끝났다고 생각했다. 그런데 이게 웬일인가? 죽었던 예수님께서 삼일 만에 부활하시어 그의 눈 앞에 나타나신게 아닌가! 뿐만 아니라 예수님께서 하늘로 승천하신 후에 보내신 성령님으로 인해 그의 영혼은 성령으로 충만해졌다. 이에 베드로는 담대하게 사람들 앞에 서서 예수님께서 우리의 구원자요, 그리스도이심을 만방에 선포하게 되었다. 무엇보다 그의 복음 전파에는 빠지지 않는 것이 있었다. 바로 예수님의 부활이다. 다음의 말씀을 살펴보라.

이 예수를 하나님이 살리신지라 우리가 다 이 **일에 증인이** 로다(사도행전 2:32)

너희가 거룩하고 의로운 이를 거부하고 도리어 살인한 사람을 놓아 주기를 구하여 **생명의 주를 죽였도다** 그러나 **하나님이 죽은 자 가운데서 그를 살리셨으니** 우리가 **이 일에 증인**이라(사도행전 3:14~15)

너희가 나무에 달아 죽인 예수를 우리 조상의 **하나님이 살리시고** 이스라엘에게 회개함과 죄 사함을 주시려고 그를 오른손으로 높이사 임금과 구주로 삼으셨느니라 **우리는 이 일에 증인이요** 하나님이 자기에게 순종하는 사람들에게 주신 성령도 그러하니라 하더라(사도행전 5:30~32)

 베드로는 자신을 포함한 사도들과 부활의 목격자들을 예수님 부활의 증인이라고 선포하고 있다. 증인은 사건을 보고 듣고 확인한 사람이다. 베드로는 부활하신 주님을 보았고, 음성을 들었으며, 함께 식사를 했고, 대화도 나누었다. 십자가에 죽으시고 장사지낸 예수님께서 부활하신 것이 분명하고 확실한 사실이었기에, 그는 이렇게까지 담대할 수 있었던 것이다.

 물론 십자가를 앞에 두고 가룟 유다처럼 배신한 제자도 있었고, 베드로처럼 예수님을 모르는 분이라고 세 번이나 부인한 제자도 있었다. 또한 십자가의 현장에는 요한을 빼놓고는 한 명의 제자도 없었다. 그러나 부활 사건 이후에는 단 한 명의 제자도 배반하거나, 부인하며 도망간 사람이 없었다. 요한만 빼놓고 다 순교했다. 요한은 끝까지 교회를 지키기 위해 장수하며 사역을 이어가게 하셨다.

만약 부활이 사실이 아니었다면, 그 많은 제자들 중 한 사람이라도 양심선언을 했을 것이다. 거짓말을 가지고 오래가면 사람은 양심의 가책을 받기 마련이다. 그래서 배신이나 양심선언은 측근의 사람들이 하게 되는 경우를 우리는 종종 본다. 측근의 사람들이 진실을 가장 잘 알기 때문이다. 그런데 예수님의 제자들은 부활 사건 이후, 단 한 명도 배신하거나 부인하지 않았다. 요한을 제외한 모든 제자들이 다 순교했다. 제자들의 변화, 그것이 바로 확실한 부활의 증거이다. 할렐루야!

② 예수님의 동생 야고보의 변화

이는 그 목수의 아들이 아니냐 그 어머니는 마리아, 그 **형제들은 야고보, 요셉, 시몬, 유다**라 하지 않느냐 **그 누이들은** 다 우리와 함께 있지 아니하냐 그런즉 이 사람의 이 모든 것이 어디서 났느냐 하고(마태복음 13:55~56)

예수님에게는 여러 명의 동생들이 있었다. 그런데 동생들은 예수님을 구주로 믿지 않았다.

그 형제들이 예수께 이르되 당신이 행하는 일을 제자들도 보게 여기를 떠나 유대로 가소서 스스로 나타나기를 구하면서 묻혀서 일하는 사람이 없나니 이 일을 행하려 하거든

자신을 세상에 나타내소서 하니 **이는 그 형제들까지도 예수를 믿지 아니함이러라**(요한복음 7:3~5)

그런데 이들이 부활하신 예수님을 만난 후에는 180도 변한다. 예수님께서 승천하신 후 성령을 기다리면서 기도하는 무리들 가운데 예수님의 동생들도 있었다는 것을 우리는 성경을 통해 발견할 수 있다.

여자들과 예수의 어머니 마리아와 **예수의 아우들과 더불어** 마음을 같이하여 오로지 기도에 힘쓰더라(사도행전 1:14)

그들 중에 단연 돋보이는 동생은, 초대 교회에 쓰임 받았던 야고보다. 사도 야고보와는 다른 예수님의 동생 야고보말이다. NBD(New Bible Dictionary)에는 예수님의 동생 야고보를 다음과 같이 설명한다: "예수님의 동생 야고보는 처음에 예수님을 구주로 믿지 않았습니다. 그러나 예수님이 부활하신 후에 야고보는 예루살렘 유대 기독교 공동체의 지도자가 되었습니다. 전통에 따르면 예수님의 동생 야고보는 예루살렘 교회의 초대 주교였으며, 제1회 예루살렘공의회의 사회자였다고 합니다. 그리고 야고보서의 저자이기도 합니다."[30]

---

30 (ed.) J. D. Douglas, *New Bible Dictionary* (Grand Rapids: Wm. B. Eerdman Publishing Co., 1973), p. 597.

> 그 후에 **야고보에게 보이셨으며** 그 후에 모든 사도에게와
>
> (고린도전서 15:7)

부활하신 예수님께서는 친동생인 야고보에게 보여주셨다.

> **주의 형제 야고보** 외에 다른 사도들을 보지 못하였노라(갈
> 라디아서 1:19)

이 말씀은 야고보가 교회 안에서 아주 중요한 역할을 하고 있었다는 사실을 보여준다. 바울의 회심 이후, 예루살렘 교회에 갔을 때 그 교회의 지도자로 있는 야고보를 만나게 된다.

> 말을 마치매 **야고보가 대답하여 이르되** 형제들아 내 말을
> 들으라(사도행전 15:13)

예루살렘 공의회에서 야고보는 사회를 보고 있다.

> 또 **기둥 같이 여기는 야고보**와 게바와 요한도 내게 주신 은
> 혜를 알므로 나와 바나바에게 친교의 악수를 하였으니 우
> 리는 이방인에게로, 그들은 할례자에게로 가게 하려 함이
> 라(갈라디아서 2:9)

초대 교회에는 탁월하고 중요한 핵심 지도자들이 많이 있었는데, 그들이 야고보를 "기둥 같이"라고 이름을 붙여주었다. 또 게바와 요한도 그 안에 들어간다. 야고보가 얼마나 초

대 교회에서 중요한 역할을 행했는지 우리는 성경을 통해 쉽게 알 수 있다.

> **하나님과 주 예수 그리스도의 종 야고보는** 흩어져 있는 열
> 두 지파에게 문안하노라(야고보서 1:1)

예수님을 구주로 믿지 않았던 동생 야고보에게 변화가 생겼고, 그가 평생을 예수님의 종으로 살았던 이유는 자신이 예수님의 부활을 분명히 목격했기 때문이었다.

③ 사도 바울의 변화

바울은 본래 예수님과 그분의 교회를 핍박하던 사람이었다. 그런데 어느 날 다마스커스에 있는 기독교인들을 핍박하기 위해 가다가 자신을 찾아오신 부활의 주님을 만나고 깜짝 놀란다. 그리고 예수님의 증인으로 변화된다.

> 맨 나중에 만삭되지 못하여 난 자 같은 **내게도 보이셨느니
> 라**(고린도전서 15:8)

사도 바울은 부활의 주님을 만난 체험이 얼마나 큰지, 사도행전 9장과 22장 그리고 26장에서 자신의 체험과 간증을 이어간다. 뿐만 아니라 고린도전서 15장을 쓰면서도 그는 여전히 부활을 증거하고 있다.

그리스도께서 만일 다시 살아나지 못하셨으면 **우리가 전파하는 것도 헛것이요 또 너희 믿음도 헛것이며 또 우리가 하나님의 거짓 증인으로 발견되리니** 우리가 하나님이 그리스도를 다시 살리셨다고 증언하였음이라 만일 죽은 자가 다시 살아나는 일이 없으면 하나님이 그리스도를 다시 살리지 아니하셨으리라(고린도전서 15:14~15)

사도 바울은 부활하신 주님을 목격한 증인으로서 말하고 있다. 예수님께서 부활하지 않으셨다면 우리의 믿음도 헛된 것이요, 거짓말쟁이가 된다는 것이다. 결국 바울은 예수님께서 그리스도라는 사실을 증거하다가 로마에서 순교한다. 만약 부활이 사실이 아니라면 잘 나가던 유대 학자가 개종할 이유가 무엇이며, 나아가 그의 생애 전부를 예수님을 위해 바치고 생명까지도 바칠 수 있었겠는가? 사도 바울의 변화와 헌신을 통해서라도 우리는 부활의 사실을 인정하지 않을 수 없다.

2) 예수님의 부활을 목격한 사람들이 많았다.
바울이 기록한 고린도전서 15장은 흔히 '부활장'이라고 한다. 이곳을 보면 예수님의 부활을 목격한 사람들이 많았다는 것을 알 수가 있다.

장사 지낸 바 되셨다가 **성경대로 사흘 만에 다시 살아나사**

게바에게 보이시고 후에 **열두 제자**에게와 그 후에 **오백여 형제에게 일시에** 보이셨나니 그 중에 **지금까지 대다수는 살아 있고** 어떤 사람은 잠들었으며 그 후에 **야고보**에게 보이셨으며 그 후에 **모든 사도**에게와 **맨 나중에 만삭되지 못하여 난 자 같은 내게도** 보이셨느니라(고린도전서 15:4~8)

사도 바울이 고린도전서를 쓸 때에도 부활의 목격자라고 주장하는 사람들은 대부분 살아 있었다. 그런데 만약 그중에 한 사람이라도 부인하는 말을 했었다면 부활의 사실성은 의심 받았을 것이다. 실제로 예수님의 부활은 A.D. 30년경인데 고린도전서는 55년에 쓰여졌다. 부활 후 25년의 세월이 흘렀을 텐데 부활이 사실이 아니었다면 누군가 분명히 그 기간 중 양심선언을 했을 것이다. 그러나 이 많은 증인들 중에 한 사람도 부인하지 않았다는 것은 부활이 역사적 사실이었음을 확인하는 것이다.

그렇다면, 부활이 우리에게 주는 의미는 무엇인가?

1) 예수님의 구원자 되심이 입증되었다.

성결의 영으로는 죽은 자들 가운데서 **부활하사 능력으로 하나님의 아들로 선포되셨으니** 곧 우리 주 예수 그리스도시니라(로마서 1:4)

예수님께서 십자가에 죽으시니, 일반 사람들은 죄수로 죽었거나 누명으로 죽은 줄 알았다. 그런데 다시 살아난 걸 보니, '아, 이분이 그냥 사람은 아니고 하나님의 아들, 즉 하나님이셨구나!' 하고 깨닫게 된 것이다. 그리고 이분이 하나님이라면 십자가의 죽음도 그분이 구약에서 예언하신 것처럼 온 인류의 죄를 위한 대속의 십자가라는 것이 확증된 것이다. 이처럼 부활은 십자가를 확증시켜주는 또 하나의 근거가 된다.

2) 우리도 부활하게 되었다.

그러나 이제 그리스도께서 죽은 자 가운데서 다시 살아
사 **잠자는 자들의 첫 열매가 되셨도다**(고린도전서 15:20)

예수님의 부활은 진짜 처음 부활이었다. 나사로의 부활은 살았다가 결국 다시 죽었으므로 처음 부활이 아니다. 영생하는 부활은 예수님께서 처음이시다. 때문에 우리도 부활하게 될 것이다.

보라 내가 너희에게 비밀을 말하노니 우리가 다 잠 잘 것이 아니요 **마지막 나팔에 순식간에 홀연히 다 변화되리니** 나팔 소리가 나매 **죽은 자들이 썩지 아니할 것으로 다시 살아** 나고 **우리도 변화**되리라(고린도전서 15:51~52)

만약 예수님께서 지금 재림하신다면, 이미 돌아가신 믿음의 선배들은 부활할 것이다. 그럼, 우리는 어떻게 되는가? 예수님 재림 시까지 살아있는 성도에 대해 성경은 변화된다고 말한다. 부활의 몸과 똑같은 질을 가진 부활체를 입게 된다는 것이다. 부활의 몸으로 변하게 된다.

> 그러므로 내 사랑하는 형제들아 **견실하며 흔들리지 말고**
> **항상 주의 일에 더욱 힘쓰는 자들이 되라** 이는 **너희 수고가**
> **주 안에서 헛되지 않은 줄 앎이라**(고린도전서 15:58)

우리에게 부활의 놀라운 상을 주신 주님의 그 은혜 앞에 흔들리지 말라. 그리고 나중에 우리에게 상 주실 주님을 바라보며 충성하는 우리 모두가 되길 소망한다. 교회 안에서, 가정에서도 그러한 충성이 있기를 바란다.

2. 승천하신 예수님

부활하신 예수님께서는 40일 동안 이 땅에 더 계시다가 승천하셨다고 성경은 말씀한다.

> 그가 고난 받으신 후에 또한 그들에게 **확실한 많은 증거로**

친히 살아 계심을 나타내사 사십 일 동안 그들에게 보이시

며 하나님 나라의 일을 말씀하시니라(사도행전 1:3)

예수님께서는 부활 후, 잠깐 나타났다가 비행접시처럼 사라지신 것이 아니라 40일 동안 이 땅에 더 머무셨다. 그리고 사람들에게 자주 보여주셨다. 확증해 주신 것이다. 그리고 나서 승천하셨다.

> 이 말씀을 마치시고 그들이 보는데 올려져 가시니 구름이 그를 가리어 보이지 않게 하더라 올라가실 때에 제자들이 자세히 하늘을 쳐다보고 있는데 흰 옷 입은 두 사람이 그들 곁에 서서 이르되 갈릴리 사람들아 어찌하여 서서 하늘을 쳐다보느냐 너희 가운데서 하늘로 올려지신 이 예수는 하늘로 가심을 본 그대로 오시리라 하였느니라(사도행전 1:9~11)

예수님께서 승천하실 때 올라가신 하늘은 어디인가? 성경에 나오는 '하늘'(우라노스, οὐρανός)이라는 단어는 다음의 세 가지 뜻을 가진다.

첫 번째로 지구 위의 하늘과 우주의 하늘로, 이는 육안으로 보이는 하늘을 말한다. 두 번째로 하나님께서 거하시는 하늘인데, 이는 죽은 성도들이 가 있는 하늘이고 사람의 눈에 보이지 않는 하늘을 말한다. 세 번째로 하나님의 대명사(내가 일어나

아버지께 가서 이르기를 아버지 내가 하늘과 아버지께 죄를 지었사오니_누가복음 15:18)[31]로 쓰인 하늘을 말한다.

예수님께서는 하나님이 계신 하늘나라로 가신 것이다. 이 것은 육안으로 관측이 되지 않기에 어디에 있는지는 모른다. 그러나 그곳은 확실히 있다. 왜냐하면 성경이 말씀하고 있기 때문이다.

구소련의 최초 우주 비행사 유리 가가린(Yurii Gagarin)은 최초로 우주를 다녀와서 "아무리 찾아보아도 하나님은 없더라"고 말했다. 그러나 미국의 최초 우주비행사 존 글렌(John Herschel Glenn Jr.)은 우주를 다녀와서 "내가 믿는 하나님은 당신이 우주선 창문으로 내다보며 찾아낼 수 있는 그런 분은 아닙니다"라고 말했다. 육신의 눈으로 보이지 않지만, 하나님께서 계신 그 하늘은 분명히 공간으로 존재한다.

신학자 루이스 벌코프(Louis Berkhof)는 자신의 저서《조직신학》(Systematic Theology)에서 천국은 분명히 공간을 가진 장소라고 말한다. 첫째는 이 천국은 하나님과 인성을 입고 계신 그리스도, 그리고 죽은 성도들과 천사들이 있는 장소다. 둘째는

---

31 Wm F. Arndt & F. W. Gingrich, *A Greek-English Lexicon of the New Testament* (Chicago: The University of Chicago Press, 1979), pp. 593-595.

성경은 하늘나라가 장소라고 가르친다. 그리고 예수님의 승천은 분명히 지상이라는 장소에서 또 다른 장소인 하늘나라로 옮겨진 것[32]이라고 말한다. 그래서 한 신학자는 예수님의 승천을 유형적 승천, 또는 장소적 승천이라고 말한다.

그렇다면 승천하신 예수님께서는 어떤 일을 하셨고, 또 어떤 일을 하고 계실까?

1) 예수님께서는 대제사장의 역할을 하셨다.

예수님의 승천은 그 자체로 속죄 사건의 한 부분을 담당하신 것이다.

> 그리스도께서는 참 것의 그림자인 손으로 만든 성소에 들어가지 아니하시고 바로 **그 하늘에 들어가사** 이제 우리를 위하여 하나님 앞에 나타나시고(히브리서 9:24)

구약의 대제사장이 속죄의 피를 가지고 지성소에 들어가서 하나님 앞에서 기도하여 속죄를 이룬 것처럼, 예수님께서는 하늘 성소에서 우리를 위하여 하나님 앞에 나타나셨다. 이를

---

32 L. Berkhof, *Systematic Theology* (Grand Rapids: Wm. B. Eerdmans Pub. Co., 1976), p. 350.

위해 그리스도는 승천하신 것이다. 그러므로 우리는 승천을 통해 대제사장으로서의 역할을 완수하시는 중보자 예수님을 보게 된다. 대제사장이신 그분은 우리를 위해서 지금도 간구하고 계신다.

> 누가 정죄하리요 죽으실 뿐 아니라 다시 살아나신 이는 그리스도 예수시니 그는 하나님 우편에 계신 자요 우리를 위하여 간구하시는 자시니라(로마서 8:34)

우리에게 기도가 부족할 때가 얼마나 많은가? 그래도 이만큼 살고 있는 것은 그분께서 기도하시기 때문이다. 기도가 막힐 때가 종종 있다. 하지만 기댈 수 있는 언덕이 있는 것은 나를 위해서 늘 간구해 주시는 제사장 되신 예수님께서 계시기 때문이다. 또한 대제사장이신 그분은 우리를 위해서 하나님 아버지께 변호하신다.

> 나의 자녀들아 내가 이것을 너희에게 씀은 너희로 죄를 범하지 않게 하려 함이라 만일 누가 죄를 범하여도 **아버지 앞에서 우리에게 대언자가 있으니 곧 의로우신 예수 그리스도시라**(요한일서 2:1)

2) 예수님께서는 승천하셔서 만왕의 왕이 되셨다.

사도신경을 보면, "전능하신 하나님 우편에 앉아계시다가"라는 부분이 나온다. 승천하신 예수님께서는 전능하신 하나님 우편에 앉아 계신다.

> 주 예수께서 말씀을 마치신 후에 하**늘로 올려지사 하나님 우편에 앉으시니라**(마가복음 16:19)

우편은 권위를 의미한다. 그러므로 하나님 우편에 앉으셨다는 말은, 예수님께서 하나님의 왕적 통치권을 받아 행사하고 계심을 의미한다.

> 이러므로 **하나님이 그를 지극히 높여** 모든 이름 위에 뛰어난 이름을 주사 하늘에 있는 자들과 땅에 있는 자들과 땅 아래에 있는 자들로 **모든 무릎을 예수의 이름에 꿇게 하시고** 모든 입으로 예수 그리스도를 주라 시인하여 하나님 아버지께 영광을 돌리게 하셨느니라(빌립보서 2:9~11)

예수님께서는 승천하셔서 왕으로 온 우주만물과 교회를 통치하신다. 이 사실이 우리에게 얼마나 큰 위로가 되는가? 배운 바도 별로 없고, 가정적인 배경도 별로 없으며, 경쟁력이 없다 할지라도 만왕의 왕이신 예수님께서는 우리의 백그라운드가 되어주신다. 이 백그라운드이신 예수님만 똑 부러지게 믿으면 우리의 인생에는 희망이 있다.

무디(D. L. Moody)는 구두를 만들던 사람이었다. 윌리엄 캐리(William Carrey)도 구두수선장이었다. 하지만 하나님께서 그들의 운명을 바꾸셨다.

내가 이민 목회할 때, 한 집사님의 자녀가 미공군사관학교에 시험 쳤는데 대기번호 293번이 되었다. 그러나 그 집사님은 포기하지 않고 기도하셨다. 그 집사님은 장애인이었는데, 휠체어에 앉아서도 간절히 기도하니까 대기번호 293번이었던 자녀가 합격하게 되었다. 그 앞에 292명이 어디로 갔는지는 모르겠지만 어쨌든 합격했고, 임관해서 현재는 미국 공군 장교로 근무하고 있다. 그는 가정적인 백그라운드도 없었고, 집이 부도났으며, 어머니는 장애인이었다. 하지만 그럼에도 불구하고 기도했더니 만왕의 왕이신 하나님께서 그를 도와주시고 합격하게 하셨다.

그분이 믿는 하나님과 우리가 믿는 하나님이 다른가? 아니다. 그분과 내가 믿는 하나님이 다른 것이 아니라 우리의 믿음이 다른 것이다. 믿음으로 나아가면 만왕의 왕이신 그분의 공급과 예수님의 도움을 받게 될 것이다. 지금도 살아계신 예수님만을 믿으라.

승천하신 예수님께서 만왕의 왕으로 통치하시는 일은 두 가지로 나타난다. 하나님 나라의 통치가 두 가지로 나타나는 것이다.

① 은혜의 왕국(*regnum gratiae*)

은혜의 왕국은 교회를 말한다. 만왕의 왕이신 예수님은 먼저 교회를 통치하신다. 기록된 말씀과 강론(설교), 그리고 성령님의 감동을 통하여 통치하신다.[33] 말씀과 성령의 인도에 순종하는 것이 왕이신 예수 그리스도께 순종하는 것이다. 그리고 그분을 영화롭게 하는 삶이다. 그럴 때 만왕의 왕이 주시는 복을 누리게 될 것이다. 말씀과 성령의 인도에 순종하는 우리가 되길 바란다.

② 권능의 왕국(*regnum potentiae*)

권능의 왕국은 온 우주와 이 세상에 보편적으로 적용되는 그리스도의 다스리심을 지칭하는 말이다. 부활하신 주님은 하늘과 땅의 모든 권세를 받았다고 말씀하셨다(마태복음 28:18). 성도는 이 세상의 궁극적인 주인은 예수 그리스도이심을 알고 당당하게 살아야 한다. 그리고 이 땅을 그리스도가 다스리

---

33 이승구,《사도신경》(서울: SFC, 2011), p. 301.

는데 우리가 동참하여 만왕의 왕이신 그분의 뜻이 이루어지도록 헌신하고 순종해야 한다. 그것이 무엇인가?

> 또 만물을 그의 발 아래에 복종하게 하시고 **그를 만물 위에 교회의 머리로** 삼으셨느니라 교회는 그의 몸이니 만물 안에서 **만물을 충만하게 하시는 이의 충만함**이니라(에베소서 1:22~23)

만물이 충만하게 되는 것이다. 성경의 진리로, 사랑으로, 섬김으로, 희생과 봉사로, 충만하게 해주어야 한다. 좋은 왕은 백성을 충만하게 해줘야 한다. 먹을 것을 충만히 주고, 또한 정서적인 것도 채워주어야 하는 것이다. 세종대왕이 왜 좋은 왕인가? 백성들의 마음에, 글 읽지 못하는 백성들의 마음에 충만함을 넣어준 분이기 때문에 좋은 왕인 것이다.

예수님께서 참 좋은 왕인 사실은 에베소서에 잘 나온다. 만물을 충만하게 하시는 왕, 공허한 우리의 영혼을 충만하게 하시는 왕, 외로운 우리의 정서를 충만하게 하시는 왕, 아픈 우리의 몸을 치료해주기도 하시는 왕, 우리의 경제적인 결핍까지도 해결해 주시는 왕, 내 자녀의 미래까지도 열어주시는 충만한 분이다. 왜곡된 사회의 질서도 신실한 그리스도인을 통해 바로잡아 사랑이 충만한 사회로 만드시는 왕이시다. 윌버포스를 통해 영국의 노예무역제도를 폐지하셨다. 그래서 예수님을 만물을 충만하게 하시는 이라고 성경은 말씀한다.

에베소서 1장 23절을 보니, 예수님의 가장 충만한 통치가 이루어지는 곳은 교회라고 말씀한다. 교회가 바로 되기만 하면 이 세상의 소망이 되는 것이다. 교회가 그리스도의 충만함으로 가득하기만 하면, 이 교회는 이 세상의 어떤 것도 치료할 수 있는 마지막 희망이 될 것이다. 그게 '충만'이다. 여기서 우리는 우리의 사명을 발견해야 한다. 교회는 교회만을 위해서 존재하면 안 되고, 세상을 충만하게 하는 일을 위해서 존재해야 한다. 우리는 세상을 진리의 말씀으로 충만하게 하고, 사랑과 섬김으로 희생과 봉사로 충만하게 해야 한다.

> 하나님의 나라는 먹는 것과 마시는 것이 아니요 **오직 성령 안에 있는 의와 평강과 희락이라** 이로써 **그리스도를 섬기는 자는 하나님을 기쁘시게** 하며 **사람에게도 칭찬을** 받느니라 그러므로 **우리가 화평의 일과 서로 덕을 세우는 일을 힘쓰나니**(로마서 14:17~19)

3) 예수님께서는 승천하셔서 선지자의 역할을 하셨다.

예수님께서는 승천하셔서 선지자의 역할을 하시는데, 이때 성령을 통해 하신다. 그분은 제자들을 떠나시기 전, 내가 떠나고 나면 또 다른 보혜사를 보낼 것인데 그분이 바로 '성령'이라고 말씀하셨다.

보혜사 곧 아버지께서 내 이름으로 보내실 성령 그가 너희에게 **모든 것을 가르치고 내가 너희에게 말한 모든 것을 생각나게 하리라**(요한복음 14:26)

그러므로 우리는 선지자 되신 예수님의 말씀을 잘 배우기 위해서 성령님의 가르침을 잘 받아야 한다. 성령의 도우심을 사모하며 성경을 읽고, 성경 말씀을 들어야 한다.

예수님을 우리는 그리스도라고 부른다. 그리스도는 세 가지 직분을 가지고 계신다: 왕, 제사장, 선지자. 예수님께서는 이 땅에서도 그러하셨지만 승천하신 후에도 여전히 이 세 가지 직분을 행하고 계신다. 그렇다면 사도신경으로 늘 "승천하사 전능하신 하나님 보좌 우편에 앉으신 예수님"을 나의 구주, 즉 그리스도로 고백하는 우리는 어떻게 살아야 하는가?

예수님께서는 우리의 왕이 되셔서 다스리시고, 우리와 함께 교회와 세상을 다스리기 원하신다. 때문에 우리는 예수님께 순종하고 헌신함으로, 그분의 통치가 교회와 세상에 임하게 해야 한다. 예수님께서 대제사장 되셔서 나의 죄를 온전히 하늘 성소에서 속죄하셨고, 나아가 지금도 나를 대변해 주시며, 나를 위해 간구해주심을 믿으며 당당하게 살기를 바란다.

나눔을 위한 질문

1. 예수님께서 부활하셨다는 증거는 확실하다. 당신은 그 증거가 무엇이라고 생각하는가?

2. 그렇다면 이렇게도 확실한 예수님의 부활이 우리에게 주는 의미는 무엇인가?

3. 이제는 예수님의 승천에 대해서 나누어보자. 예수님께서 승천하신 하늘은 어디를 말하는가?

4. 승천하신 예수님께서 하시는 일은 무엇인가? 그리고 그 하시는 일 때문에 당신이 받을 수 있는 격려는 무엇인가? 당신은 이 사실 때문에 어떻게 살아야 하는가?

7장

다시 오실 예수 그리스도

요한계시록 1:7

6장에서 "다시 사시고 하늘에 오르신 예수 그리스도"에 대해서 살펴보았다. 우리는 예수님의 부활의 증거를 다각도로 살펴보았고, 흔들릴 수 없는 부활의 증거를 배웠다. 기독교의 교리는 부활만 무너뜨려도 사기극으로 끝난다. 그러나 부활은 확실한 사실이었기에 기독교는 무너지지 않았다. 또한 예수님의 부활은 우리의 부활의 근거가 된다. 승천하신 예수님은 대제사장의 역할을 하셨다. 하늘의 지성소에 들어가 자신의 피를 뿌림으로 우리의 속죄를 이루셨다. 그리고 지금도 우리를 위해서 간구하고 계신다. 우리의 연약함에도 불구하고 대제사장되신 예수님의 중보로 오늘을 살아갈 힘을 얻고 있다.

또한 승천하신 예수님께서는 만왕의 왕이 되셔서 우리를 다스리신다. 은혜의 왕국인 교회와 권능의 왕국인 온 우주를 통치하신다. 지극히 선하신 왕이신 그분의 통치에 순종할 때 교회도 세상도 가장 복될 수 있다.

　본장에서는 "다시 오실 예수 그리스도"에 대해서 살펴보고자 한다. 사도신경 가운데 "저리로서 산 자와 죽은 자를 심판하러 오시리라"는 고백 부분으로, 이는 재림하실 예수님에 대한 신앙고백이다. 예수님의 재림과 오셔서 하실 심판에 대한 말씀이다.

　특히 본장은 故 박형룡 박사님의 《교의신학 내세론》을 참고하였다. 박형룡 박사님은 박윤선 박사님과 함께 우리나라 개혁 신학의 양대 기둥이셨다. 박형룡 박사님은 조직신학에 있어서, 박윤선 박사님은 성경신학에 있어서 각각 그 기둥의 역할을 감당하셨다. 박형룡 박사님의 저서 《교의신학 내세론》을 보면, 재림에 대해 다음과 같은 말씀을 하신다.

> 구약 예언들은 그리스도의 이중내림(초림, 재림)을 분명히 구별하지 아니한 고로(계시의 점진성) 재림만을 취급하는 특수한 약속을 지적하기는 곤란하다. 그러나 오히려 재림에 관설(關說)하다고 해석되는 몇 구절이 구약에 있으니 욥기 19:25~26, 다니엘 7:13~14, 스가랴 14:4, 말라기 3:12

이다. **신약에 와서 보면 이 진리가 318번 즉 매 25절에 한 번 씩 언급되어 독자들을 놀라게 한다.**[34]

구약 성경에는 그리스도의 초림과 재림을 구분하지 않은 경우가 많지만, 그럼에도 예수님의 재림에 대한 몇 개의 구절이 있다. 예수님께서 동정녀의 몸에서 탄생하신다는 예언은, 이사야 7장 14절에 딱 한 번 등장한다. 그런데 딱 한 번뿐인 동정녀 탄생의 예언은 말씀 그대로 이루어진다. 이처럼 한 번만 예언해도 이루어지는 것이 하나님의 약속인데, 구약 성경에 4번, 신약 성경에 무려 318번을 약속한 재림은 반드시 이루어지지 않겠는가! 성경의 맨 마지막 말씀도 재림에 대한 약속과 소망으로 끝난다.

> 이것들을 증언하신 이가 이르시되 **내가 진실로 속히 오리라** 하시거늘 **아멘 주 예수여 오시옵소서** 주 예수의 은혜가 모든 자들에게 있을지어다 아멘(요한계시록 22:20~21)

그렇다면, 예수님께서 재림하실 때 어디서부터 오시는 걸까? 우리는 이 부분에 대하여 궁금하지 않을 수 없다.

---

34 박형룡,《교의신학 내세론》(서울: 보수신학 서적 간행회, 1973), p. 179.

1. 예수님 재림의 출발지

먼저, 사도신경에서 "저리로서"(from there)라는 말은 '거기로부터'라는 뜻이다. 거기는 승천하여 계신 하늘나라를 의미한다 (97쪽 참고). 그러므로 주님의 재림은 하늘나라로부터 이 땅에 임하신다고 보면 된다.

2. 예수님 재림의 특징

1) 인격적 재림(人格的 再臨)

예수님의 재림은 비유가 아닌 사실이다. 지상에서 십자가에서 죽으시고 부활하시며 승천하신 성자 하나님 자신이 인격적 실체로서 이 세상에 다시 오시는 것을 말한다.

> 볼지어다 그가 구름을 타고 오시리라 **각 사람의 눈이 그를 보겠고 그를 찌른 자들도 볼 것이요** 땅에 있는 모든 족속이 그로 말미암아 애곡하리니 그러하리라 아멘(요한계시록 1:7)

여기서 "그가"라고 하는 지칭에서 우리는 인격적 실체라는 것을 알 수 있다. 그리고 각 사람의 눈이 구름타고 오시는 예수님을 본다고 말씀한다. 다시 말해, 그분은 인격적 실체로 다시 이 땅에 오신다는 것이다.

> 이와 같이 그리스도도 많은 사람의 죄를 담당하시려고 단번에 드리신 바 되셨고 구원에 이르게 하기 위하여 죄와 상관 없이 **자기를 바라는 자들에게 두 번째 나타나시리라**(히브리서 9:28)

예수님께서 이 땅에 임하심은 초림과 재림으로 나눈다. 초림은 이미 이루어졌는데, 2천 년 전 우리의 죄를 대신하여 십자가를 지기 위해서 오셨던 것을 말한다. 그리고 재림은 역사의 마지막 날 심판하시기 위해, 우리의 구원을 완성하기 위해 다시 오시는 것을 말한다. 그런데 이 재림의 주님도 인격적 재림을 하신다는 것이다.

2) 신체적 재림(身體的 再臨)

예수님의 재림은 영적인 것이 아니다. 승천하실 때 부활하신 육체를 가지고 승천하신 것과 같이 재림하실 때에도 그 부활의 몸, 즉 육체를 가지고 재림하신다고 성경은 말씀한다.

슈바이처는 의사로는 아주 훌륭했지만, 신학자로는 엉터리였다. 그와 같은 일부 신학자들은 예수님의 재림을 그저 영적인 것으로, 즉 성령이 오신 것으로 재림이 이미 이루어졌다고 주장한다. 그러나 그것은 잘못된 주장이다. 우리는 성경 말씀을 통해 그것이 잘못된 주장임을 확인할 수 있다.

> 이르되 갈릴리 사람들아 어찌하여 서서 하늘을 쳐다보느냐 너희 가운데서 **하늘로 올려지신 이 예수는 하늘로 가심을 본 그대로 오시리라** 하였느니라(사도행전 1:11)

예수님께서는 하늘로 가심을 본 그대로 오신다. 부활하신 몸 그대로 이 땅에 다시 오시는 것이다.

3) 가견적 재림(可見的 再臨)

부활하신 예수님께서는 여러 사람들이 보는 가운데 승천하셨다. 또한 예수님께서는 땅의 모든 족속이 동시에 볼 수 있도록 구름을 타고 능력과 영광으로 다시 오실 것이다.

> 이 말씀을 마치시고 그들이 보는데 올려져 가시니 **구름이 그를 가리어 보이지 않게 하더라**(사도행전 1:9)

> **볼지어다 그가 구름을 타고 오시리라 각 사람의 눈이 그를 보겠고 그를 찌른 자들도 볼 것이요** 땅에 있는 모든 족속이 그로 말미암아 애곡하리니 그러하리라 아멘(요한계시록 1:7)

즉 구원받을 성도뿐 아니라 그리스도를 거부하고 그의 교회를 핍박함으로 영원히 멸망 받을 자들도 그리스도의 재림을 눈으로 목격할 수 있다는 것이다.

> 그 때에 인자의 징조가 하늘에서 보이겠고 그 때에 땅의 모
> 든 족속들이 통곡하며 **그들이 인자가 구름을 타고 능력과**
> **큰 영광으로 오는 것을 보리라**(마태복음 24:30)

주님의 재림은 지상에 있는 모든 성도들과 비신자들까지,
그리고 모든 족속이 볼 수 있는 가견적인 재림이 될 것이다.

4) 돌발적 재림(突發的 再臨)

예수님의 초림이나 승천이 사람들이 예상하지 못할 때에 갑
자기 이루어진 것과 마찬가지로 재림 역시 "생각하지 않은 때
에", "도둑 같이" 임할 것이다. 따라서 성도들은 재림을 준비하
는 마음으로 항상 '주의하며 깨어있어야' 한다.

> 이러므로 너희도 준비하고 있으라 **생각하지 않은 때에 인**
> **자가 오리라**(마태복음 24:44)

> **보라 내가 도둑 같이 오리니** 누구든지 깨어 자기 옷을 지켜
> 벌거벗고 다니지 아니하며 자기의 부끄러움을 보이지 아니
> 하는 자는 복이 있도다(요한계시록 16:15)

> 그러나 **그 날과 그 때는 아무도 모르나니** 하늘에 있는 천

사들도, 아들도 모르고 **아버지만 아시느니라** 주의하라
깨어 있으라 **그 때가 언제인지 알지 못함이라**(마가복음
13:32~33)

재림의 날과 시를 말하는 모든 사람은 이단이다. 과거 1992
년 10월 28일 다미선교회의 재림 주장은 결국 불발로 끝났다.
예수님의 재림은 그 누구도 미리 알 수 없다. 때문에 우리 성
도들은 늘 깨어 준비하고 있어야 한다.

5) 승리적 재림(勝利的 再臨)

예수님의 인격적, 신체적, 가견적 재림은 초림에서도 동일하
게 발견되는 특징이다. 그러나 초림과 재림의 예수님은 다른
점이 있다. 예수님의 초림은 우리를 대신하여 고난 받고 구
원하시기 위해 비하(卑下, humiliation)의 몸으로 오셨다. 반면
재림의 주님은 만유의 주로, 심판주로 영광스럽게 승귀(昇貴,
exaltation)의 몸으로 오신다. 승귀는 부활, 승천, 재림이 포함된
다. 그래서 승리적 재림이라고 한다.

환난을 받는 **너희에게는 우리와 함께 안식으로 갚으시는
것**이 하나님의 공의시니 **주 예수께서 자기의 능력의 천사
들과 함께 하늘로부터 불꽃 가운데에 나타나실 때에** 하나
님을 모르는 자들과 **우리 주 예수의 복음에 복종하지 않는
자들에게 형벌을** 내리시리니 이런 자들은 주의 얼굴과 그

의 힘의 영광을 떠나 **영원한 멸망의 형벌을 받으리로다**(데
살로니가후서 1:7~9)

6) 완성적 재림(完成的 再臨)

예수님의 재림은 성도들에게는 구원을 완성하시는 것이고,
불신자에게는 형벌을 실현하시는 것을 의미한다.

> 환난을 받는 **너희에게는 우리와 함께 안식으로 갚으시는
> 것**이 하나님의 공의시니 **주 예수께서 자기의 능력의 천사
> 들과 함께 하늘로부터 불꽃 가운데에 나타나실 때**에 하나
> 님을 모르는 자들과 **우리 주 예수의 복음에 복종하지 않는
> 자들에게 형벌을** 내리시리니 이런 자들은 주의 얼굴과 그
> 의 힘의 영광을 떠나 **영원한 멸망의 형벌을 받으리로다**(데
> 살로니가후서 1:7~9)

이 땅에서 한 나라의 법을 어긴 사람에게는 감옥이 있듯, 만
왕의 왕이신 하나님의 법을 어긴 사람에게는 지옥이 기다리
고 있다. 또한 예수님의 재림은 우리에게 다른 소망을 안겨주
는데, 그건 바로 예수님께서 재림하실 때에는 죽은 몸들도 다
시 살아난다는 것이다. 우리가 만약 살다가 지금 주님이 오신
다면 우리는 부활이 아니라 변화될 것인데(96쪽 참고), 그렇게
변화되는 우리라도 먼저 죽은 사람들보다 결코 앞서지 못한

다고 성경은 말씀한다. 즉, 그 질(quality)에는 아무런 차이가 없다는 뜻이다. 그래서 가족들이 먼저 죽었다 할지라도 소망 없는 비신자들처럼 슬퍼하지 말라고 성경은 말씀한다.

> 우리가 주의 말씀으로 너희에게 이것을 말하노니 주께서 강림하실 때까지 우리 살아 남아 있는 자도 자는 자보다 결코 앞서지 못하리라 주께서 호령과 천사장의 소리와 하나님의 나팔 소리로 친히 하늘로부터 강림하시리니 **그리스도 안에서 죽은 자들이 먼저 일어나고**(데살로니가전서 4:15~16)

> 선한 일을 행한 자는 **생명의 부활**로, 악한 일을 행한 자는 **심판의 부활**로 나오리라(요한복음 5:29)

부활에도 두 종류가 있다. 천국가기 위한 "생명의 부활"과 지옥가기 위한 "심판의 부활"이 바로 그것이다. 때문에 우리의 고민은 부활 여부가 아닌, 부활 후 어디를 가느냐에 있어야 한다. 그런데 요한복음 5장 29절의 말씀을 보면, 우리가 오해하기 쉬운 표현이 등장한다: "선한 일을 행한 자는 생명의 부활로, 악한 일을 행한 자는 심판의 부활로". 이 말씀을 보면 우리가 마치 믿음으로 생명의 부활(영생)을 얻는 것이 아닌, 선한 일(착한 일)을 해야만 영생을 얻는 것으로 오해할 수 있다. 행위 구원으로 착각할 수 있다. 하지만 이 부분은 성경 전체의 흐름에 따라 해석해야 한다(Tota Scriptura). 성경 전체의 가르침은 오직 구원은 믿음으로만 얻는다. 즉, 하나님께서 보시기에 가장 큰 선행은 예수님을 믿는 것이다. 그리고 멀리 갈 것도 없이 가장 가까운 성경 문맥만을 보아도 구원은 믿음으로 얻는다는 것이 증명된다. 요한복음 5장에 이어지는 6장에서 다음과 같이 설명한다.

> 예수께서 대답하여 이르시되 **하나님께서 보내신 이를 믿는 것이 하나님의 일이니라** 하시니(요한복음 6:29)

> 내 아버지의 뜻은 **아들을 보고 믿는 자마다 영생을 얻는 이 것이니** 마지막 날에 내가 이를 다시 살리리라 하시니라(요한복음 6:40)

> 진실로 진실로 너희에게 이르노니 **믿는 자는 영생을 가졌나니**(요한복음 6:47)

그러므로 요한복음 5장 29절의 "선한 일을 행한 자는 생명의 부활로, 악한 일을 행한 자는 심판의 부활로 나오리라"는 말씀은 행위 구원을 말하는 것이 아니라 믿음으로 얻는 구원을 설명한 것임을 분명히 알아야 한다.

> 그들이 기다리는 바 하나님께 향한 소망을 나도 가졌으니 곧 **의인과 악인의 부활이 있으리라** 함이니이다(사도행전 24:15)

부활은 예수님을 믿는 사람들만 하는 것이 아니라 믿지 않는 사람도 한다. 그러나 부활 후 어디로 가느냐가 다르다. 그런 면에서 예수님을 믿는 우리는 얼마나 복된지 모른다. 혹시 이 책을 읽으면서 아직도 예수님을 나의 구주로 믿지 않았다면, 십자가의 도를 믿지 않는다면 이 시간 예수님의 십자가가 나를 위한 대속의 제물 되심으로 구원받을 수 있다는 믿음을 가질 수 있길 소망한다.

파스칼은 이 세상에는 두 종류의 죄인이 있다고 말한다. 하나는 용서받은 죄인과 또 하나는 용서받지 못한 죄인이라고 말한다. 성경은 예수님의 십자가의 은혜로 용서받은 죄인을 의인이라고 칭한다. 그 사람은 생명의 부활로 살아난다. 그러나 십자가의 은혜로 용서받지 못한 사람은 죄인이라고 말하며 심판의 부활로 살아난다. 당신은 어떤 죄인가? 부디, 예수님의 십자가의 은혜를 믿고 용서받은 죄인이 되어서 생명의 부활을 맞이할 수 있길 바란다. 이처럼 예수님의 재림으로 성도의 구원과 비신자의 심판이 완성된다.

3. 예수님 재림의 목적

예수님 재림의 목적은 산 자와 죽은 자를 심판하러 오시는 것이다. 심판(judgement)은 그 자체만으로는 결코 형벌(punish-ment)이 아니다. 이것은 선과 악에 대한 법적 판단이고, 그에 상응하는 대가에 대한 선고(pronouncement)일 뿐이다. 따라서 선과 악, 의나 불의가 혼재된 상태를 종결시키는 목적이 있다.

의인과 악인 각자에게 그 최종적 영복과 영벌을 집행하기 위하여 실시되는 최후 심판에는, 일단 모든 영적 존재들이 포함된다. 먼저는 사탄과 악령들이, 그리고 불신자들이 심판을 받는다.

> 또 그들을 **미혹하는 마귀**가 불과 유황 못에 던져지니 거기 는 그 짐승과 **거짓 선지자도 있어 세세토록 밤낮 괴로움을 받으리라** 또 내가 크고 흰 보좌와 그 위에 앉으신 이를 보니 땅과 하늘이 그 앞에서 피하여 간 데 없더라 또 내가 보니 죽은 자들이 큰 자나 작은 자나 그 보좌 앞에 서 있는데 **책들**이 펴 있고 **또 다른 책**이 펴졌으니 곧 **생명책**이라 죽은 자들이 자기 **행위를 따라 책들**에 기록된 대로 심판을 받으니 바다가 그 가운데에서 죽은 자들을 내주고 또 사망과 음부도 그 가운데에서 죽은 자들을 내주매 각 사람이 **자기의 행위대로 심판을 받고** 사망과 음부도 불못에 던져지니 이 것은 둘째 사망 곧 불못이라 누구든지 **생명책에 기록되지 못한 자는 불못에 던져지더라**(요한계시록 20:10~15)

12절에서 "또 다른 책이 펴졌으니"의 책은 단수로, 이 책은 생명책을 말한다. 생명책은 예수님을 믿는 사람들의 호적과 같아, 예수님을 믿자마자 생명책에 이름이 기록된다. 생명책에 이름이 기록된 사람만 구원(영생, 永生)을 받는다. 여기에 이름이 없는 사람은 지옥(영벌, 永罰)에 간다.

또 "책들이 펴 있고"에서의 책은 복수로, 신학자들은 이것을 행위록이라고 부른다. 행위록은 성도에게는 상급을 결정짓게 하고, 비신자에게는 형벌의 양이 결정되는 책이다. 즉, 형벌을 선고하기 위한 책이다.

> 보라 내가 속히 오리니 **내가 줄 상이 내게 있어** 각 사람에게 **그가 행한 대로 갚아 주리라**(요한계시록 22:12)

> 그런즉 우리는 몸으로 있든지 떠나든지 **주를 기쁘시게 하는 자가 되기를 힘쓰노라 이는** 우리가 **다 반드시** 그리스도의 **심판대 앞에 나타나게 되어** 각각 **선악간에 그 몸으로 행한 것을 따라 받으려** 함이라(고린도후서 5:9~10)

> 네가 **어찌하여 네 형제를 비판하느냐 어찌하여 네 형제를 업신여기느냐** 우리가 **다 하나님의 심판대 앞에 서리라**(로마서 14:10)

어떤 사람들은 예수님의 재림을 기다리면서, 현실 도피적으로 사는 사람들이 있다. 또는 되는 대로 사는 사람들도 있다. 하지만 그것은 잘못된 것이다. 데살로니가교회에도 이러한 경향이 있어 사도 바울이 다음과 같이 경고했다.

> 우리가 너희와 함께 있을 때에도 너희에게 명하기를 누구든지 일하기 싫어하거든 **먹지도 말게** 하라 하였더니 우리가 들은즉 너희 가운데 게으르게 행하여 도무지 일하지 아니하고 일을 만들기만 하는 자들이 있다 하니(데살로니가후서 3:10~11)

반면, 어떤 성도들은 평생 고난의 길을 걸어가는 분도 있다. 주님이 그 노고를 다 기억하여 주실 것이다. 고난의 시대를 살아가고 순교하던 성도들에게 한결같은 소망은 예수님의 재림이었다. 오늘날 이 어려운 시대를 살아가는 우리도 주님의 확실한 약속인 재림이 우리의 소망이 되길 바란다.

> 만일 누구든지 주를 사랑하지 아니하면 저주를 받을지어다
> **우리 주여 오시옵소서**(고린도전서 16:22)

헬라어 단어 '마라나타'는 띄어 쓰는 모양에 따라 두 가지 의미로 해석된다. '마라나 타'(μαράνα θά)가 되면 "주여 오시옵소서"가 되고, '마란 아타'(μαρὰν ἀθά)가 되면 "주께서 오십니다"가 된다. 우리의 눈물과 한숨과 좌절과 모든 병을 극복시켜주시는 그날은 반드시 온다. 재림의 그날, 마라나 타!

우리 주님은 반드시 재림하신다. 구약에서 딱 한 번만 예언된 동정녀 탄생이 성취된 것처럼 구약에 4번, 신약에만도 무려 318번이나 예언된 예수님의 재림은 마지막 날에 반드시 이루어질 줄로 믿는다. 이러한 예수님의 재림은 오늘날 우리에게 중요한 의미가 있다.

첫째, 예수님의 재림이 있기에 우리에게도 소망이 있다. 죽을 때 당당하게 죽음을 맞이하라. 영혼은 즉시 천국으로 갈 것이고, 땅에 묻힌 육신은 예수님 재림의 그날에 부활할 것이다. 때문에 담대하게 천국에 가는 우리가 될길 바란다. 앞서간 가족들을 그리워할 수는 있지만 절망하지는 말라. 그분의 몸도 다시 살아날 줄로 믿는다.

둘째, 예수님의 재림이 있기에 우리는 전도해야 한다. 이 세상이 전부가 아니다. 생명의 부활과 심판의 부활이 있고, 생명책에 기록되지 못한 사람은 지옥에 간다. 그러므로 우리는 전도할 수밖에 없다.

셋째, 예수님의 재림이 있기에 우리는 함부로 살 수가 없다. 하나님께 충성해야 한다. 우리의 마지막 호흡이 다하는 그날까지 주께서 주신 재능과 내가 가지고 있는 것들을 가지고 그 소명에 합당한 삶을 살아가야 한다. 하나님 사랑, 이웃 사랑, 지상명령, 문화명령에 순종하여 일한 대로 갚아 주시는 주님의 약속대로 영원한 생애에 가장 복된 우리가 되길 바란다.

충성을 다한 다음에 오시는 주님을 맞이할 때, 우리는 주님 앞에 더욱 기쁜 얼굴로 다시 만나게 될 것이다. 이러한 은혜와 상급이 우리 가운데 있길 소망한다.

나눔을 위한 질문

1. 예수님의 재림은 신·구약 성경에 모두 몇 번 예언되었는가?

2. 예수님의 재림의 특징은 무엇인가?

3. 재림의 특징만 바로 알아도 오늘날 이단을 분별할 수 있다. 이단들의 잘못된 종말론을 비판하라.

4. 예수님의 재림의 목적은 무엇인가? 이것은 우리에게 어떤 소망과 경고를 주는가?

8장

우리가 믿는 성령

요한복음 16:7

7장에서 "다시 오실 예수 그리스도"에 대해서 살펴보았다. 예수님의 재림은 구약에 4번, 신약에 318번이나 약속되었다. 단한번 약속된 동정녀 탄생이 이루어졌다면, 재림도 이루어질 것이다. 예수님의 재림은 인격적(人格的), 신체적(身體的), 가견적(可見的), 돌발적(突發的), 승리적(勝利的), 완성적(完成的) 재림이었다. 재림의 특징만 알아도 이단의 종말론 교리가 허구임을 알수 있다. 재림의 날에 우리는 영광스러운 영화(榮化)의 몸을 입을 것이다. 또한 우리의 죄는 십자가로 다 속죄 받았기에 우리의 충성에 대한 상급을 받게 될 것이다. 이 공정한 하나님의 심판을 바라보면서 우리는 오늘 주님과 주님의 몸인 교회에, 그리고 가정과 일터에서(학생은 학교에서) 주님이 원하시는 삶에 충성을 다하여야 할 것이다. 본장에서는 "우리가 믿는 성령"에 대해서 살펴보고자 한다.

사도신경은 삼위일체론적 구조를 가진다. 먼저 성부 하나님에 대한 고백이 나오고, 그다음 성자 하나님에 대한 고백이 나오며, 마지막으로 성령 하나님에 대한 고백이 나온다. 우리는 지금까지 성부 하나님과 성자 하나님이신 예수님에 대한 고백을 살펴보았고, 본장부터는 성령 하나님에 대한 고백을 살펴볼 것이다.

사도신경에서 성령님에 대한 고백은 예수님에 대한 고백에 비하면 상당히 짧다. 표면적으로 보면, "성령을 믿사오며"가 전부다. 그러나 우리는 그 뒤에 연결되는 "거룩한 공회와 성도가 서로 교통하는 것과"까지를 성령님에 대한 고백으로 본다. 왜냐하면 거룩한 공회인 교회의 출발이 성령 강림 이후였고, 성도가 서로 교제하는 것도 성령 안에서 가능하기 때문이다. 어쨌든 예수님의 고백에 비하면 짧은 건 사실이다.

1. 성령님은 어떤 분인가?

1) 성령님은 하나님이시다.

성령님은 어떤 분인가에 대한 질문에 한마디로 대답한다면, '그분은 하나님이시다!'라고 대답할 수 있다. 성경에 성령님이 하나님이시라는 증거는 얼마든지 나온다. 그러나 성경을 잘못 해석한 이단들은 성령님을 하나님으로 믿지 않고 그저 비인격적인 감화력이나 힘(energy), 또는 능력(power)으로 보는 오류를 범한다.

물론 성경에는 성령님을 비인격적 존재인 물(요한복음 7:37~39), 불(이사야 4:5), 바람(요한복음 3:5~8), 비둘기(요한복음 1:31~34), 기름(고린도후서 1:21~22) 등으로 비유하거나 묘사한 부분이 있다. 하지만 이것은 모두 성령 하나님의 속성이나 임재의 방법을 인간이 이해하기 쉽게 하기 위해 사용된 표현들일 뿐이다. 그런 표현을 가지고 성령을 비인격적인 존재로 인지하는 건, 성경을 종합적으로 이해하지 못한 결과다. 성경에는 성령님을 성부와 성자와 동일시 한다. 이것은 성령님이 바로 하나님이심을 보여주는 증거가 된다. 그래서 삼위일체 교리가 나온 것이다. 그렇다면, 성경은 삼위일체의 근거를 어떻게 제시하는가?

> 그러므로 너희는 가서 모든 민족을 제자로 삼아 **아버지와 아들과 성령**의 이름으로 세례를 베풀고(마태복음 28:19)

세례를 줄 때 성부와 성자와 성령의 이름, 즉 권위로 준다.

> **주 예수 그리스도**의 은혜와 **하나님**의 사랑과 **성령**의 교통하심이 너희 무리와 함께 있을지어다(고린도후서 13:13)

축복할 때도 성부와 성자와 성령의 이름으로 한다.

> 베드로가 이르되 아나니아야 어찌하여 사탄이 네 마음에 가득하여 네가 **성령**을 속이고 땅 값 얼마를 감추었느냐 땅이 그대로 있을 때에는 네 땅이 아니며 판 후에도 네 마음대로 할 수가 없더냐 어찌하여 이 일을 네 마음에 두었느냐 사람에게 거짓말한 것이 아니요 **하나님**께로다(사도행전 5:3~4)

성령을 속인 것을 곧 하나님을 속인 것이라고 말씀한다. 성령님께서 하나님이심을 보여주는 강력한 증거인 것이다. 성령님은 하나님이시다. 성부, 성자, 성령이 모두 하나님이시다. 그런데 성경은 성부, 성자, 성령이 하나님이신 동시에 하나님은 한 분이라고 말씀한다. 그래서 우리는 하나님을 '삼위일체'라고 부르는 것이다. 과거나 현재나 성경은 동일하게 우리에게 삼위일체 하나님을 가르치는데, 사람들은 자신들의 머리로는 다 이해하지 못하기에 수세기를 지나도 여전히 잘못된 주장들을 해오고 있다. 잘못된 주장을 몇 가지 소개한다.

① 단일신론(單一神論, monarchianism)

단일신론은 성부 하나님만을 하나님으로 인정하는 것이다.[35] 하지만 다음의 말씀을 보면, 잘못된 주장임을 우리는 확실히 알 수 있다.

> 그러므로 너희는 가서 모든 민족을 제자로 삼아 아버지와 아들과 성령의 이름으로 세례를 베풀고(마태복음 28:19)

> 주 예수 그리스도의 은혜와 하나님의 사랑과 성령의 교통하심이 너희 무리와 함께 있을지어다(고린도후서 13:13)

> 베드로가 이르되 아나니아야 어찌하여 사탄이 네 마음에 가득하여 네가 성령을 속이고 땅 값 얼마를 감추었느냐 땅이 그대로 있을 때에는 네 땅이 아니며 판 후에도 네 마음대로 할 수가 없더냐 어찌하여 이 일을 네 마음에 두었느냐 사람에게 거짓말한 것이 아니요 하나님께로다(사도행전 5:3~4)

---

35 이상화,《관통 기독교 교리》(서울: 카리스, 2012), p. 89.
유일신(monotheism) vs 단일신론(monarchianism) 유일신: 한 하나님이란 숫자의 개념보다 참 하나님이라는 뜻이다. 그 참 하나님이 삼위일체로 계신다. 위격은 세 분인데 한 분이시다.

단일신론은 삼위 하나님을 거부한다. 우리가 많이 들어본 이단 '여호와의 증인'이 단일신론을 주장한다. 그들은 '성부 하나님만 하나님이고, 예수님과 성령님은 하나님이 아니다. 예수님은 그저 인간이고, 성령님은 그냥 에너지다'라고 본다.

② 양태론(樣態論, modalistic monarchianism, 양태론적 단일신론)

양태론에 대하여 어떤 사람들은 다음과 같이 설명한다. 어떤 남자가 있는데 그는 집에서는 아버지요, 직장에서는 과장이요, 교회에서는 집사이듯이 삼위 하나님은 본체론적으로는 하나이신데, 구약에서는 성부로, 신약에서는 성자로, 오순절 이후에는 성령으로 나타나셨다고 말이다.[36] 즉, 한 분이 다른 양태로 나타난다는 것이다. 그런데 이런 주장은 비성경적이다. 이것이 비성경적임을 보여주는 것은 예수님께서 세례 받으시는 장면을 보면 알 수 있다.

> **예수**께서 세례를 받으시고 곧 물에서 올라오실새 하늘이 열리고 하나님의 **성령**이 비둘기 같이 내려 자기 위에 임하심을 보시더니 **하늘로부터 소리가 있어 말씀하시되** 이는 내 사랑하는 아들이요 내 기뻐하는 자라 하시니라(마태복음 3:16~17)

---

36 나용화, 《기독교 신앙의 진리》(서울: CLC, 2004), p. 117.

성자 하나님은 세례를 받으시고 물에서 올라오셨다. 그리고 성령 하나님은 비둘기같이 내려 예수님 위에 임하셨다. 성부 하나님은 예수님께 "내 사랑하는 아들"이라고 말씀하신다. 무엇을 말하고자 하는가? 삼위 하나님께서는 동시에 각자의 역할을 하고 계신 것을 보여주는 대목이다. 여기서 양태론이 잘못된 교리임이 밝혀진다.

양태론 대로 한다면, 이 말씀을 이해할 수 없다. 내가 여기서 세례를 받고 물에서 올라오는데, 어떻게 비둘기처럼 하늘에서 내려올 수 있겠는가? 또 내가 여기서 세례를 받고 올라오는데, 저 하늘에서 이는 내 아들이라고 어떻게 말할 수 있겠는가? 양태론은 삼위일체론을 그럴듯하게 설명하려고 했지만, 삼위께서 각자의 사역을 하시는 구별된 위라는 것을 잘 설명하지 못하는 잘못을 저질렀다.

삼위일체론은 사람의 머리로 다 이해할 수 없다. 우리는 성경이 말해주는 만큼만 믿어야 한다. 칼빈의 말대로 성경이 가는 데까지 가고, 멈추는 데서 멈추어야 하는 것이다.

③ 삼신론(三神論, tritheism)

삼신론은 하나님이 세 신으로 완전히 분리되었다는 주장으로, 세 분이 각각 있어서 그분들이 하나가 아니라고 말한다. 이것도 인간의 머리로 나름 합리적으로 맞추다보니 이런 이단에 빠지는 것이다. 그런데 성경은 그렇게 말하지 않는다.

> 하나님도 한 분이시니 곧 만유의 아버지시라 만유 위에 계
> 시고 만유를 통일하시고 만유 가운데 계시도다(에베소서
> 4:6)

하나님께서는 삼위로 계시지만, 한 분이시다. 통일성을 가지고 계시고, 동시에 구별성을 가지신다.[37] 이것이 삼위일체다. 바른 신론은 삼위일체론(三位一體論, Trinity)이다.

삼위일체 하나님은 본질에 있어서는 하나이고, 실재에 있어서는 삼위이다. 질서에 있어서는 성부-성자-성령의 순으로 사역하시고, 관계에 있어서는 상호 교통하신다. 즉, 사역에 있어서는 독특한 역할을 하시지만 함께 일하신다.[38] 이 설명은 비교적 삼위일체를 잘 설명한 것이지만, 사실 삼위일체론을 우리의 머리로는 다 이해할 수 없다. 그래서 성경이 말씀하는 만큼만 믿으면 되는 것이다. 성경은 마태복음 28장, 고린도후서 13장, 마태복음 3장에서 성부와 성자와 성령이 동일한 하나님이심을 말씀한다. 즉, 삼위일체론을 말씀하신다.

---

37 이상화, pp. 89-90.

38 나용화, p. 116.

2) 성령님은 보혜사이시다.

성령님의 사역을 총체적으로 보여주는 대표적인 칭호는 '보혜사'다. 보혜사라는 말은 한자로 保惠師라고 하는데, 지킬 보(保), 은혜 혜(惠), 스승 사(師)를 쓴다. 다시 말해, 보호하고 은혜를 주시며 가르치시는 분이라는 뜻이다. 또한 누군가를 돕기 위해 부름 받은 분(one who is called to someone's aid), 돕는 분(helper), 위로하는 분(comforter), 자문하는 분(advisor)이라는 뜻이다. 그러므로 성령님의 사역을 총체적으로 설명해주는 호칭은 바로 '보혜사'다.

보혜사는 헬라어로 '파라클레토스'(παράκλητος)라고 한다. 여기서 '파라'는 전치사로, '곁에'라는 뜻이다. '클레토스'라는 말은 '보냄 받아 옆에 있다'는 수동태의 단어다. 성령은 성부와 성자께서 보내셔서 성도들 곁에 세워주신 분이다. 그리고 그분이 우리를 도와주시고 우리를 격려하시며 위로하실 뿐만 아니라 우리가 고민될 때 상담해 주시고 우리가 모를 때 가르쳐 주시며 우리가 위기를 당할 때 보호해 주시는 분이시다.

보혜사라는 단어는 요한복음에만 네 번 기록되어 있다. 그 중 세 구절만 소개하고자 한다.

> 내가 아버지께 구하겠으니 그가 **또 다른 보혜사**를 너희에게 주사 **영원토록 너희와 함께** 있게 하리니(요한복음 14:16)

> **보혜사** 곧 아버지께서 내 이름으로 보내실 **성령** 그가 너희에게 모든 것을 **가르치고** 내가 너희에게 말한 모든 것을 **생각나게** 하리라(요한복음 14:26)

> 내가 아버지께로부터 너희에게 보낼 **보혜사** 곧 아버지께로부터 나오시는 **진리의 성령**이 오실 때에 그가 **나를 증언하실 것**이요(요한복음 15:26)

성령님의 충만을 받고, 성령님의 은혜를 받은 사람들의 특징은 나사렛 예수 그리스도가 나의 구주라는 것을 믿는다. 십자가에 달리신 예수가 내 죄를 속죄했다고 믿는다. 왜냐하면 성령님은 예수님을 증거해 주는 영이기 때문이다. 우리의 생애 속에 성령님이 보혜사로 와 계신다는 것은 큰 축복이다. 우리의 한계를 뛰어넘는 인생을 살 수 있도록 도와주시는 이 보혜사를 믿고 그분과 교제하며 동행하는 복이 있기를 바란다.

> 그러나 내가 너희에게 실상을 말하노니 내가 떠나가는 것이 너희에게 유익이라 내가 떠나가지 아니하면 **보혜사가** 너희에게로 오시지 아니할 것이요 가면 내가 그를 너희에게로 보내리니(요한복음 16:7)

성령님께서는 우리를 돕기 위해 늘 옆에 계시는 분이다. 그래서 우리를 돕고 위로하시며 자문하여 주시는 분이다. 할렐

루야! 우리를 돕기 위해 오신 성령님께 감사와 찬양을 드리자. 예수님을 믿을 때 내 안에 내주하시는 성령님은 천국까지 우리와 동행하실 것이다.

2. 성령님은 어떤 사역을 하시는가?

1) 구원받게 하신다.

우리가 예수님을 구주로 믿는 것은 성령님께서 감동해 주셨기 때문이다. 내가 결단하고 믿은 것 같지만, 사실은 성령님께서 도와주셔서 가능했던 것이다.

> 그러므로 내가 너희에게 알리노니 하나님의 영으로 말하는 자는 누구든지 예수를 저주할 자라 하지 아니하고 또 **성령으로 아니하고는 누구든지 예수를 주시라 할 수 없느니라**
>
> (고린도전서 12:3)

뉴욕의 태버너클교회(Tabernacle Church)의 짐 심발라(Jim Cymbala) 목사님의 책에 보면 이런 내용이 나온다. 어떤 어머니에게 아들이 하나 있는데 흑인이다. 그는 중학교 때부터 탈선했다. 그리고 나이가 서른이 될 때까지 뉴욕의 할렘에서 깡

패노릇을 하며 살았다. 지나가는 사람들이 전도지를 줘도 욕했다. 그런데 그의 어머니의 눈물의 기도 결과, 역사가 나타나기 시작했다. 깡패조직 가운데도 마피아급에 해당되는 킬러조직이 있는데, 그곳에서 자신을 죽이려고 할 때 그가 갑작스런 회심을 경험한 것이다. 그러면서 그 책에서 다음과 같이 말한다: "한 사람의 회심은 누군가의 기도를 통한 성령의 역사로 얼마든지 가능하다." 도저히 믿을 것 같지 않던 그는 어머님의 기도를 들으시고 역사하신 성령님의 역사로 회심하게 된 것이다. 아직도 가족이나 이웃이 믿지 않아 고민인가? 기도하라. 그러면 성령님께서 그들의 마음을 움직여 주실 것이다.

2) 성경을 기록하시고, 깨닫게 하신다.

성경의 저자들이 성경을 기록할 때, 성령님께서 그들에게 감동을 주셨다. 그래서 성령은 하나님의 영감으로 기록되었다고 한다. 영감(靈感)이란 성령(聖靈)의 감동(感動, inspiration)으로 되었다는 뜻이다.

> 모든 성경은 **하나님의 감동**으로 된 것으로 교훈과 책망과
> 바르게 함과 의로 교육하기에 유익하니(디모데후서 3:16)

> 먼저 알 것은 **성경의 모든 예언**은 사사로이 풀 것이 아니니
> 예언은 언제든지 사람의 뜻으로 낸 것이 아니요 오직 **성령**

의 감동하심을 받은 사람들이 하나님께 받아 말한 것임이라(베드로후서 1:20~21)

마태가 마태복음을 기록할 때, 자기 내키는 대로 성경을 쓴 것이 아니라 성령의 감동에 따라 기록한 것이다. 그래서 성경의 저자는 성령님이고, 기록자는 사람인 것이다.

또 성령님의 감동(感動)으로 기록된 성경은, 성령님의 조명(照明)이 있어야만 깨달을 수 있다. 그래서 성경을 읽거나 말씀을 들을 때에는 반드시 기도해야 한다: '하나님, 저에게 오늘도 조명해 주셔서 주의 말씀을 깨닫게 하여 주소서.'

우리가 세상의 영을 받지 아니하고 오직 하나님으로부터 온 영을 받았으니 이는 우리로 하여금 **하나님께서 우리에게 은혜로 주신 것들을 알게 하려** 하심이라(고린도전서 2:12)

3) 성화하게 하신다.

오직 성령의 열매는 **사랑**과 **희락**과 **화평**과 **오래 참음**과 **자비**와 **양선**과 **충성**과 **온유**와 **절제**니 이같은 것을 금지할 법이 없느니라(갈라디아서 5:22~23)

신앙생활을 하면서 교회에 오래 다녀도 인격과 삶이 바뀌지 않는 사람이 있는가 하면 시간이 흐를수록 인격이 예수님을 닮아가고 하나님께도 영광이 되는, 그래서 주변 사람들에게 기쁨이 되는 아름다운 인격이 있다. 이것이 바로 여기에 나오는 성령의 열매라고 불리는 사랑과 희락과 화평과 오래 참음과 자비와 양선과 충성과 온유와 절제다. 성령의 임재를 경험한다는 것은 구체적인 것이다. 내 마음과 생활에 실재적인 찔림이 있어서 마음이 바뀌고 태도가 바뀌며 행동이 바뀌는 것이다.

4) 봉사하게 하신다.

성령님은 우리에게 은사(恩賜)를 주신다. 은사는 헬라어로 '카리스마'(χάρισμα)라고 하는데, 이는 '하나님이 주신 선물'이라는 뜻이다. 국어사전을 보면 은사(恩賜)는 임금이 신하에게 준 선물이라고 나오는데, 이를 성경적으로 본다면 이 땅의 임금이 아닌 하늘나라의 임금을 말하는 것이다.

우리 모두에게는 잘 하는 것이 있다. 그건 하나님께서 주신 재능인데, 그게 바로 은사다. 그런데 은사는 나를 자랑하라고 주신 것이 아니라 우리로 하여금 교회를 섬기고 지역사회를 섬기도록, 즉 하나님의 영광을 위해 주신 것이라고 고린도전서는 말씀한다.

은사는 여러 가지나 성령은 같고(고린도전서 12:4)

각 사람에게 **성령을 나타내심은** 유익하게 하려 하심이라(고린도전서 12:7)

고린도전서 12장 7절 이하에는 다양한 은사들이 나온다: 지혜의 말씀의 은사, 지식의 말씀의 은사, 믿음의 은사, 병 고치는 은사, 능력 행하는 은사, 직분의 은사 등이다. 또한 교회의 직분도 하나님이 주신 은사다. 또 성경은 은사의 목적을 교회의 유익과 덕을 세우기 위함이라고 말씀한다.

그러므로 너희도 영적인 것을 사모하는 자인즉 **교회의 덕을 세우기 위하여** 그것이 풍성하기를 구하라(고린도전서 14:12)

마이클 그리피스(Michael Griffiths)라는 신학자는 은사의 목적이 교회를 세우는 것이라면, 지금은 초대 교회보다 훨씬 더 다양한 은사가 있다고 주장한다. 교회를 세우는 현대적인 은사들이 많기 때문이다. 그는 성경에 나오는 은사를 모(母)은사, 성경에 나오지 않는 은사를 자(子)은사라고 말한다. 예컨대 예배를 돕기 위해 반주하는 것, 영상 사역, 음향 사역 등 이런 모든 것들이 자(子)은사다. 그것을 통해 주님의 몸인 교회를 세우기 때문이다.

5) 승리하게 하신다.

> 오직 **성령이 너희에게 임하시면 너희가 권능을 받고** 예루
> 살렘과 온 유대와 사마리아와 땅 끝까지 이르러 내 증인이
> 되리라 하시니라(사도행전 1:8)

복음 전할 능력을 주셔서 전도의 열매를 맺게 하신다.

> 빌기를 다하매 모인 곳이 진동하더니 무리가 다 **성령이 충**
> **만**하여 **담대히** 하나님의 말씀을 전하니라(사도행전 4:31)

복음을 전할 담대함을 주신다.

> **스데반이 성령 충만하여** 하늘을 우러러 주목하여 하나님의
> 영광과 및 예수께서 하나님 우편에 서신 것을 보고(사도행전
> 7:55)

스데반은 성령의 도움으로 죽음의 위협을 이기고 마침내
순교하는 승리를 거두었다.

> 그가 내게 대답하여 이르되 여호와께서 스룹바벨에게 하신
> 말씀이 이러하니라 만군의 여호와께서 말씀하시되 **이는 힘**
> **으로 되지 아니하며 능력으로 되지 아니하고 오직 나의 영**
> **으로 되느니라**(스가랴 4:6)

성령은 인간의 힘과 능력으로 되지 않는 일도 되게 하신다. 요한복음 7장 37~39절과 에스겔 47장에서는 생수의 강으로, 에스겔 37장에서는 생기로 마른뼈가 살아나는 것을 성령으로 표현한다. 성령이 임하시면 오늘날에도 죽은 자 같은 우리의 인생이 살아나게 될 것이다. 성령 충만으로 능력받아 승리하는 성도의 삶이 되길 바란다.

3. 성령님의 감동에 어떻게 반응해야 하는가?

> 내가 이르노니 너희는 **성령을 따라 행하라** 그리하면 육체
> 의 욕심을 이루지 아니하리라(갈라디아서 5:16)

성령께서는 끊임없이 우리의 마음에 감동을 주신다. '기도하라. 성경 읽어라. 거기 가라. 거기 가지 마라. 화내지 마라. 그 일은 좋은 것이 아니다'와 같이 마음에 감동을 주신다. 그 감동에 순종할 때, 우리는 승리하는 그리스도인이 될 것이다. 나아가 지속적인 성령 충만을 위해 기도하라. 성령충만을 주실 것이다.

> 너희가 악할지라도 좋은 것을 자식에게 줄 줄 알거든 하물

며 너희 하늘 아버지께서 **구하는 자에게 성령을 주시지 않겠느냐** 하시니라(누가복음 11:13)

술 취하지 말라 이는 방탕한 것이니 **오직 성령으로 충만함을 받으라**(에베소서 5:18)

우리를 방탕하게 하는 모든 것들을 끊어버리고, 오직 성령 충만을 사모하고 기도하며 순종하라. 그러면 성령의 충만함을 받게 될 것이다.

'충만함'이란 넘쳐서 흐른다는 뜻이다. 사랑과 은혜가 우리에게서 다른 사람에게로 흘러간다는 말이다. 성령은 인격체다. 성부와 성자와 같은 인격체다. 그러므로 '충만함을 받으라'는 말은 성령의 지배를 받는 삶을 말한다.

본장에서 우리는 "우리가 믿는 성령"에 대해 배웠다. 성령님은 하나님이시다. 그리고 보혜사이시다. 그분은 우리를 구원받게 하시고, 성경을 기록하게 하셨을 뿐 아니라 깨닫게 하신다. 또한 우리를 거룩하게 성화시키고, 교회를 섬기는 봉사를 하게 하시며, 모든 절망과 좌절을 이기는 능력과 유혹과 죄를 이기는 능력을 주셔서 승리하는 그리스도인이 되게 하신다. 예수님을 내 구주로 믿고 성령을 받으라. 하나님께 회개하고, 더 사모하며, 성령충만 받고 순종하는 인생이 되길 바란다.

나눔을 위한 질문

1. 어떤 이단은 성령을 비인격적인 감화력이나, 어떤 힘(energy) 또는 능력(power)로 보는 경우가 있다. 이것이 왜 잘못되었는지 말해보라.

2. 삼위일체라는 단어가 성경에 나오는 것은 아니지만, 성경이 말하는 신론(神論)은 삼위일체론(三位一體論)이다. 이것을 지지하는 성경 구절을 찾아서 말해보라.

3. 비성경적 신론인 단일신론(單一神論)과 양태론(樣態論), 삼신론(三神論)을 비판해보라.

4. 성령은 어떤 사역을 하시며, 그러한 성령의 사역에 대해 나는 어떻게 반응해야 하는가?

9장

거룩한 공회와 성도의 교통

에베소서 2:11~22

8장에서 우리는 "우리가 믿는 성령"에 대해 살펴보았다. 가장 중요한 것은 성령님은 하나님이시라는 것이다. 어떤 이단은 성령을 신성을 가지신 하나님으로 보지 않고, 그저 사람의 마음에 감화를 일으키는 어떤 존재 또는 힘과 능력을 주는 존재 정도로 이해한다. 그러나 이것은 성경에 대한 심각한 오해이다. 성경은 성령을 하나님으로 말씀한다. 세례를 줄 때에도 성부와 성자와 성령의 이름으로 주었다. 즉, 성부 하나님과 성자 하나님이신 예수님 그리고 성령님이 동등한 하나님이심을 말씀해주고 있는 것이다.

또 예배의 마지막에 목회자가 성도들을 위해 하는 축복(benediction, 축도라고도 함)에도 성자의 은혜와 성부의 사랑과 성령의 교통하심이 있도록 축복한다. 여기서도 성부, 성자, 성령이 동격으로 등장한다. 사도행전 5장에는 아나니아가 성령을 속인 것을 가리켜 하나님을 속였다고 말씀한다. 그래서 우리는 성경적 신론이 삼위일체론임을 믿는다. 삼위일체라는 단어가 성경에 나오지는 않지만, 하나님은 삼위일체로 존재하신다. 그러므로 성령님은 하나님이시다.

그 성령님은 예수님께서 승천하신 후에 우리를 돕기 위해 보혜사(保惠師)로 오셨다. 우리가 구원받도록, 성경을 깨우치도록, 성화되도록, 봉사하도록, 승리하도록 도우신다. 그 도움을 받도록 성령충만을 받아야 하는데, 성령충만은 성령의 지배를 받는 삶을 말한다.

본장에서는 "거룩한 공회와 성도의 교제"에 대해서 살펴보고자 한다. 사도신경은 '교회가 무엇인가?'에 대한 말씀한다. 우리가 천국에 갈 때까지 다니는 교회는 도대체 무엇인지, 사도신경이 보여주는 교회의 본질은 무엇인지, 우리가 교회에 대해서 무엇을 믿고 고백해야 하는지를 배워보자.

1. 교회는 거룩한 공회다.

교회의 본질은 '거룩'이다. 거룩이란 히브리어로 '카도쉬' (קָדוֹשׁ), 헬라어로 '하기오스'(ἅγιος)라고 한다.

이 단어가 하나님에 대해서 사용될 때는 ① 죄가 하나도 없으심(inviolable, separate from all defilement), ② 하나님의 행하심에 사용될 때는 동의어로 장엄하심(divine activity syn. majesty)[39], ③ 하나님의 순결하심, 완전하심, 훌륭하심, 존경받기에 합당하심(shading over in the meaning, holy=pure, perfect, worthy of God)[40]의 의미로 사용된다. 우리가 하나님을 거룩하신 분으로 찬양하고 기도할 때는 이런 의미를 가지고 불러야 한다.

한편 사람 등에 대해서 사용될 때는 ① ~에 구별되다(set apart to), ② 도덕적으로 순결하다(morally pure)[41], ③ 하나님

---

39 Francis Brown, S. R. Driver and Charles A. Briggs, *A Hebrew and English Lexicon of the Old Testament* (Oxford: Oxford University Press, 1978), p. 871.

40 William Arndt and F. Wilbur Gingrich, *A Greek-English Lexicon of the New Testament and Other Early Christian Literature*, tr. by Walter Bauer (Chicago: The University of Chicago Press, 1979), pp. 9-10.

41 Barclay M. Newman, Jr., *A Concise Greek-English Dictionary of the New Testament* (London: United Bible Society, 1980), p. 2.

께 바쳐진 인간(human beings consecrated to God)[42], ④ 하나님과 그분께 드리는 예배를 위해 예비된(reserved for God and his service)[43], ⑤ 예배를 드리기 위해 바쳐진 시간(times consecrated to worship)의 의미로 사용된다.

교회가 '거룩한 공동체'라고 말할 때, 그것은 세상과 구별된 공동체라는 의미다. 세속적 가치관이 아니라 성경적 가치관을 가진 공동체라는 뜻이다. 성도의 생활 방식은 세상 사람과 구별되어야 한다. 도덕적 순결이 있어야 한다. 그것은 우리가 하나님께 바쳐진 인간이기 때문이다. 그래서 우리는 구별된 삶을 교회에서만이 아니라 가정과 일터와 학교에서도 살아내야 한다. 한 예로, 토요일은 그냥 쉬는 날이 아니라 주일의 예배를 준비하는 날이 되어야 한다. 몸도 마음도 주일을 준비해야 한다. 또 주일은 무슨 일이 있어도 예배를 위해 온전히 바쳐진 시간이 되어야만 한다. 그래야 우리는 거룩한 성도요, 우리 교회는 거룩한 교회가 될 수 있다. 그렇다면, 우리 교회는 어떻게 하면 좋은 교회가 될까?

---

42 William Arndt and F. Wilbur Gingrich, *A Greek-English Lexicon of the New Testament and Other Early Christian Literature*, pp. 9-10.

43 Francis Brown, S. R. Driver and Charles A. Briggs, *A Hebrew and English Lexicon of the Old Testament*, p. 872.

바로 교역자, 장로, 권사, 집사 등 모든 성도들이 거룩한 성도가 되면 좋은 교회가 되는 것이다. 세속적인 욕심과 죄악을 잘라버리고, 늘 하나님께서 받으실만한 경건하고 구별된 삶을 살며, 나아가 하나님께서 사랑하시는 증표가 나타나는 교회가 되는 것이 좋은 교회가 되는 길이다. 만약 이것이 없으면, 교회라는 이름은 가졌으나 교회로서의 능력은 없는 것이다. 그래서 세상과 다른 거룩이 없으면 세상을 변혁시키는 교회가 되지 못하고, 세상을 도울 수도 없으며, 세상을 바꿀 수도 없다. 이것이 바로 오늘날 교회의 문제점이다.

교회의 생명은 거룩에서 나온다. 하나님께서 우리를 거룩한 공동체로 부르셨기 때문이다. 이처럼 교회의 정체성을 한마디로 설명해주는 말씀이 구약에 나온다. 구약에서 이스라엘은 구약의 교회라 할 수 있다. 그러므로 구약 성경은 구약의 교회사라고 할 수 있는데, 구약의 교회였던 이스라엘의 정체성을 하나님께서는 다음과 같이 말씀한다.

> 나는 너희의 하나님이 되려고 너희를 애굽 땅에서 인도하
> 여 낸 여호와라 **내가 거룩하니 너희도 거룩할지어다**(레위기
> 11:45)

이는 신약 교회의 지도자인 베드로도 동일하게 말씀한다.

오직 너희를 부르신 거룩한 이처럼 너희도 모든 행실에 거
룩한 자가 되라 기록되었으되 **내가 거룩하니 너희도 거룩
할지어다** 하셨느니라(베드로전서 1:15~16)

거룩이 깨진 교회는 교회의 본질을 상실했기에, 교회의 역
할을 하지 못한다. 그러므로 교회는, 다른 말로 하면 성도는
거룩을 생명처럼 지켜야 한다. 그래야 하나님께서 우리 개개
인을 받으시고 사랑하시며, 우리를 통해 기뻐하신다. 나아가
세상의 빛과 소금의 역할을 감당하게 하신다. 성도라고 하면
서 차마 봐서는 안 될 것, 생각해서는 안 될 것, 말해서는 안 될
것, 행동해서는 안 될 것을 한 것이 있다면 회개하고 거룩을
회복하길 바란다. 회개하고 회복하는 것이 복이다. 그래야 우
주와 역사와 우리 개인을 다스리시는 하나님께서 주시는 은
혜와 복을 누릴 수 있기 때문이다.

사람은 무엇을 보고 듣느냐가 참 중요하다. 어떤 남편이 아
름다운 여자만 보면 자꾸 쳐다보는 습관이 생겼다고 한다. 그
래서 그의 아내가 남편에게 다시는 여자를 쳐다보지 않겠다
는 다짐을 받았다고 한다. 그러나 얼마 후 가족들과 함께 놀이
동산에 놀러 갔는데, 하필 그날따라 화려한 미인들로 구성된
퍼레이드가 펼쳐진 것이다. 아내와 함께 식사하던 남편은 화
장실을 다녀오겠다는 핑계를 대며 자리에서 일어났다. 그리

고 잠시 후 벼락 치는 듯한 요란한 소리가 들리면서 이내 사람들이 웅성거리기 시작했다. 아내는 돌아오지 않는 남편도 찾을 겸 자리에서 일어나 사람들이 모여있는 장소로 다가갔다. 그런데 이게 웬일인가? 코를 감싸고 바닥에 쓰러져 있는 남자가 있는데, 바로 자신의 남편인게 아닌가! 남편은 화장실 다녀오겠다고 아내의 허락을 받은 후, 그 짧은 시간 동안 예쁜 여자들을 보고 싶어서 급하게 달려가다가 전면에 있는 투명 유리를 보지 못하고 얼굴로 들이받은 것이다. 남자가 아름다운 여자를 바라보고 '아, 예쁘구나!' 생각할 수 있다. 그것 자체가 문제가 되는 건 아니다. 그러나 계속 보면서 이상한 생각을 하면 문제가 된다.

아름다운 여자를 보고 눈이 돌아가는 것은 남자들의 일반적인 성향이다. 그래서 어떤 여자 집사님은 남편과 함께 차를 타고 가다가 남편이 지나가는 여자에게 눈을 돌리니까 "여보, 마음 놓고 봐"라고 말했다고 한다. 남성의 속성을 이해한 배려다. 그러나 중요한 것은 마틴 루터(Martin Luther)가 말한 것처럼, 새가 머리에 앉을 수는 있지만 둥지를 틀게 해서는 안 된다. 우리가 아름다운 여자를 보고 '예쁘다'라고 생각하는 것까지는 괜찮다. 하지만 거기서 발전하는 것은, 마치 새가 둥지를 트는 것과 같은 것이다.

이처럼 우리는 구별된 삶을, 거룩한 삶을 살기 위해 성적인 것뿐만 아니라 세속적인 가치관도 정리해야 한다. 유명한 사람이 아닌 유익한 사람, 성공이 아닌 하나님의 뜻을 성취하는 사람이 되길 바란다.

예수님과 바리새인들의 거룩의 차이가 무엇인지 아는가? 바리새인들은 불결한 것들을 만나면 오염된다고 생각했다. 그래서 접촉에 의한 오염(defilement by association)을 경계했다. 하지만 예수님은 불결한 사람들을 만나 그들을 거룩하게 하셨다. 왜냐하면 접촉에 의한 성화(sanctification by association)가 이루어졌기 때문이다. 세리 삭개오, 귀신 들렸던 막달라 마리아, 세리 마태, 사마리아 여인이 예수님을 만나 거룩한 성도가 되었다. 뿐만 아니라 삶도 거룩해졌다. 이제 우리의 거룩은 나만을 지키는 것을 넘어, 예수님처럼 다른 사람을 거룩하게 하는 거룩이 되길 바란다. 그런 점에서 우리가 먼저 거룩하고, 다른 사람들에게 우리를 거룩하게 만드시는 예수님을 만날 수 있도록 전도해야 한다. 나아가 내가 책임지고 있는 가정과 사회의 시스템을 성경적 가치로 바꿔야 한다.

2. 교회는 공회다.

공회는 '공교회'(公教會)라는 말이다. 여기서 '공'은 한 가지 공(公)을 쓴다. 이는 하나의 교회라는 뜻이다. 그러므로 "공회를 믿사오며"라는 말은 '공교회를 믿사오며', 즉 '하나의 교회를 믿사오며'라는 뜻이다. 전 지구상에 흩어져 있는 교회, 즉 그리스도를 머리로 모시고 있는 모든 교회는 하나의 교회라는 뜻이다. 이를 영어로 보면 다음과 같다.

I believe in the Holy Spirit, the Holy **Catholic Church**

그런데 여기서 의문이 생길 것이다. 우리는 개신교인데, 영어로 보면 '가톨릭 교회(Catholic Church)를 믿사오며'라고 고백하고 있는 게 아닌가! 이건 우리가 '가톨릭'이라는 말의 원래 뜻을 알면 이해가 될 것이다. 가톨릭(Catholic, καθολικός)이라는 단어는 원래 '전체적인(general), 전 세계의, 보편적인(universal)'이라는 뜻을 가진다. 즉 가톨릭 교회(καθολική εκκλησία)란 '전 세계 교회는 하나입니다'라는 의미다. 또 중국어 사도신경(루터파)을 보면 다음과 같이 기록되어 있다.

我信聖靈；**一聖基督教會**, 聖徒相通

(하나의 거룩한 교회를 믿사오며)

중국어 표현에도 '거룩한 공회를 믿사오며'라고 기록되어 있는데, 이는 바른 신앙을 고백하는 전 세계의 교회가 하나임을 믿는다는 고백이다.

그렇다면, 천주교가 말하는 가톨릭과 우리가 말한 가톨릭의 차이는 무엇인가? 천주교(로마가톨릭)는 교황을 정점으로 전 세계의 천주교가 하나라는 점에서 가톨릭이다. 1438년 로마가톨릭의 프로렌스 선언문을 보면, '교황은 모든 교회의 머리'라고 선언하고 있다. 그러나 에베소서 1장 22절에 교회의 머리는 오직 예수 그리스도라고 말씀한다. 천주교는 보이지 않는 교회의 머리는 예수 그리스도이지만, 보이는 교회의 머리는 교황이라고 가르친다. 그러나 개신교는 보이는 교회와 보이지 않는 교회의 머리는 오직 예수 그리스도뿐이라고 가르친다. 이 점이 다른 것이다.

기독교(개신교)는 예수 그리스도를 교회의 머리로, 전 세계의 모든 교회가 하나라는 점에서 가톨릭이다. 때문에 가톨릭이라는 말 자체는 로마가톨릭만의 전유물이 아니다. 우리 기독교에서도 얼마든지 쓸 수 있다. 아니, 우리가 진정한 성경적 가톨릭이다. 다만, 혼란을 줄 수 있기에 사용하지 않는 것 뿐이다. 그러나 조직신학에서는 '교회의 보편성' 또는 '공교회성'을 말할 때 '가톨릭'이란 단어를 사용한다. 이는 전 세계의 교회가 하나라는 교회의 본질을 보여주는 아주 중요한 교리이기 때문이다. 어떤 사람들은 가톨릭에 대한 이해가 없기에, 영어 사도신경에 '가톨릭을 믿사오며'가 나와서 사도신경을 예배 중에는 사용하지 않는다고 한다. 하지만 이것은 가톨릭이라는 본래의 의미를 제대로 이해하지 못했기 때문이다. 그래서 영어 사도신경은 오해를 피하기 위해서 두 가지 번역을 가지고 있다.

영어 사도신경①
the Holy **Catholic** Church(ἅγίων καθολικήν εκκλησίαν)
거룩한 공회를 믿사오며

* 영어 사도신경②
the Holy **Universal** Church
전 세계의 교회가 하나임을 믿사오며

다시 말해 전 세계의 교회가 바른 신앙고백을 하는 교회라면, 즉 예수 그리스도를 유일한 구주와 주님으로 믿고 그분이 유형과 무형 교회의 머리이자 통치자이심을 믿는 지상의 모든 교회라면 하나의 교회라고 믿는다는 신앙고백이다.

바울 당시 교회의 문제는 유대교에서 개종한 유대인 교회와 이방인에서 개종한 이방인 교회 사이의 갈등이었다. 즉, 유대인들의 우월의식 때문에 이방인 교회가 상처를 입고 있었던 것이다. 이에 대하여 바울은 성령의 감동으로 다음과 같이 가르쳤다.

> 또 **십자가로 이 둘을 한 몸으로** 하나님과 화목하게 하려 하심이라 원수 된 것을 십자가로 소멸하시고 또 오셔서 **먼 데 있는 너희에게** 평안을 전하시고 **가까운 데 있는 자들에게** 평안을 전하셨으니 이는 그로 말미암아 **우리 둘이 한 성령 안에서 아버지께 나아감을 얻게 하려** 하심이라 그러므로 이제부터 **너희는 외인도 아니요 나그네도 아니요 오직 성도들과 동일한 시민이요 하나님의 권속이라**(에베소서 2:16~19)

이 말씀은 에베소교회를 비롯한 이방인 교회와 유대인 교회는 아무런 차별없이 하나의 천국 시민이고 하나의 권속, 즉 가족이라는 말이다.

때로는 우리보다 큰 교회 다니는 성도들 앞에 서면 목사나 성도도 왠지 모르게 위축되는 것을 느낀다. 그러나 반대로 우리보다 작은 교회에 다니는 성도들 앞에 서면 왠지 우쭐대는 마음이 들 때가 있다. 이런 마음은 틀린 것이다. 크든지 작든지 예수님을 구주로 믿고 주님의 머리되심을 고백하면 모든 교회는 하나의 교회가 되고, 형제 교회로 서로 격려하고 사랑해야 하는 것이다.

또 큰 교회나 작은 교회가 중요한 것이 아닌 건강한 교회가 되는 것이 중요하다. 아무리 커도 교회의 본질이 부재하면, 그 교회는 하나님의 근심거리가 된다. 반면 아무리 작아도 교회의 본질이 살아 있으면, 그 교회는 하나님의 자랑거리가 되는 것이다. 교회의 보편성, 즉 전 세계의 바른 신앙고백을 하는 교회가 하나라는 진리 앞에 우리는 어떤 우월감도 열등감도 없어야 한다. 그래야 교회의 연합이 가능하다.

3. 교회는 성도의 교통이다.

교회에 대해 사도신경은 "거룩한 공회와" 다음에 "성도가 서로 교통하는 것과"로 이어진다. 마틴 루터는 종교개혁을 일으킬 때 지나치게 계급화 되고, 조직화 된 중세 교회에 대해 고민이 많았다. 자신도 가톨릭의 신부요, 신학박사였기에 그는 성경을 연구하면서 교회가 과연 이런 조직과 계급의 체계를 가진 게 맞는지 고민하게 되었던 것이다. 결국 그는 성경에서 교회는 그리스도의 몸이라고 비유하는 것을 보면서, 교회는 조직체라기보다 유기체라는 것을 발견하게 되었다. 그래서 루터는 '교회는 성도의 교통(communio sanctorum)입니다'라고 정의하였다.

교통이라는 단어를 설명하기 위해서는 '교제'와 '교통'을 비교해 보는 것이 좋다. 먼저 교제(交際, fellowship)라는 단어는 친교, 친목, 공동, 협력 친구가 된 상태(the state of being a fellow or associate)라는 뜻이다. 그리고 교통(交通, communion)이라는 단어는 친교, 영적 교섭, 친밀한 교제, 또는 공감적인 관계(intimate fellowship or rapport)라는 뜻을 가진다. 교제보다 더 깊은 사귐과 나눔이 교통이다. 성도는 교제보다 더 깊은 교통을 나누어야 한다. 축복의 문구도 성령의 교통(교제가 아님)으로 기록되어 있다. 한 성령을 받은 성도로 서로 교통해야 한다. 삼위일체 하나님도 서로 교통하셨다(창세기 1:26, 11:7).

주 예수 그리스도의 은혜와 하나님의 사랑과 **성령의 교통하심이** 너희 무리와 함께 있을지어다(고린도후서 13:13)

성도가 서로 교통하는 것과

the **communion** of saints:

하기온 코이노니안(ἁγίων κοινωνίαν)

성도가 친밀한 교제를 하고 공감적인 관계를 이루는 것이 교회라고 하였다. 즉, 교회는 그저 예배만 드리는 곳이 아니라 성도가 서로를 친밀하게 알아가고 서로의 기쁨과 슬픔을 공감하며 도와주는 관계라고 정의한 것이다. 그래서 성경도 다음과 같이 말씀한다.

너희도 성령 안에서 하나님이 거하실 처소가 되기 위하여 그리스도 예수 안에서 **함께** 지어져 가느니라(에베소서 2:22)

너희가 **짐을 서로 지라** 그리하여 그리스도의 법을 성취하라(갈라디아서 6:2)

우리가 **몸의 덜 귀히 여기는 그것들을 더욱 귀한 것들로 입혀 주며** 우리의 **아름답지 못한 지체는 더욱 아름다운 것을 얻느니라** 그런즉 우리의 아름다운 지체는 그럴 필요가 없느니라 오직 하나님이 몸을 고르게 하여 **부족한 지체에게 귀중함을 더하사** 몸 가운데서 **분쟁이 없고** 오직 여러 지체가 **서로 같이 돌보게** 하셨느니라 만일 한 지체가 고통을 받으면 모든 지체가 **함께 고통을 받고** 한 지체가 영광을 얻으면 모든 지체가 **함께 즐거워하느니라** 너희는 **그리스도의 몸이요** 지체의 각 부분이라(고린도전서 12:23~27)

칼빈은 성도의 교통에 대해 다음과 같이 말한다.

그리스도께서 우리를 위해서 자신을 주심같이 우리는 다른 사람을 위해서 우리 자신을 줘야 된다. 이게 교통이다. 그리고 한 개인의 믿음의 성장과 성화는 혼자서 이루어지는 것이 아니라, 성도의 교통을 통하여 이루어진다.

정확한 말이다. 우리는 믿음이 자랄 때 혼자 자라지 않는다.

누군가가 나를 격려해주고, 찾아와주며, 기도해주는 교통을 통해 자란다. 교통이 없이는 성장하기 힘들고 성화를 이루어 나가기 힘들다. 그래서 교통이 중요한 것이다.

근대 인류 역사에 있어서 가장 불행했던 사람이 있다면, 나는 아돌프 히틀러(Adolf Hitler)라고 생각한다. 유대인 6백만 명을 죽인 참극의 주인공이었던 히틀러에 대해, 한 전기 작가는 다음과 같이 말한다: "아돌프 히틀러의 불행은 친구가 없었던 것이었다."

그 작가는 히틀러의 전기를 쓰기 위해 사람들을 만났다. 그런데 히틀러의 친구는 '엘버트 스피어'라는 사람으로, 단 한 명뿐이었다고 한다. 그 친구는 히틀러와 어렸을 때부터 아주 가까이 지냈다. 그래서 히틀러는 그 친구를 매우 중용했다. 그를 내각의 참모로 세웠고, 때로는 군수물자의 책임을 맡기기도 했다. 그래서 작가는 그 친구와 인터뷰를 했는데, 뜻밖에도 그는 다음과 같은 이야기를 들었다고 한다.

> 히틀러에게 단 한 명의 친구가 있을 수 있었다면 그것은 나였을 것입니다. 그러나 히틀러는 환상가였고, 자신의 카리스마에만 몰두했을 뿐이었습니다. 그는 우정에 반응할 줄 모르는 사람이었습니다. 그는 본성적으로 우정을 거부하였고, 매사에 우리와 공감할 수 있는 것을 의도적으로 피했습

니다. 심지어 그는 우리와 함께 체리를 먹으며 즐거워하는 것조차도 거부했습니다. 우리 모두는 단지 그의 거대한 에고의 투사체에 불과했습니다. 우정을 거부했던 사람, 바로 히틀러의 불행이었습니다.

사람은 관계를 통해서 행복을 느끼는 존재다. 부와 명성, 권력을 다 갖추고 있어도 가족과 친구 그리고 직장동료 등 주변 사람들과 냉랭한 관계에 있는 사람은 삶의 만족과 기쁨을 누리지 못한다.

주 예수 그리스도의 은혜와 하나님의 사랑과 성령의 교통 하심이 너희 무리와 함께 있을지어다(고린도후서 13:13)

무슨 뜻인가? 깊이 사귀는 성령님의 교통하심이 우리 가운데에 있으면 그게 복이라는 것이다. 그리고 이 교통이라는 단어가 신앙의 핵심을 요약해 놓은 사도신경에도 나온다. 성령의 교통뿐만 아니라 성도의 교통도 필요하다.

우리는 본장에서 교회가 무엇인가를 살펴보았다. 교회는 거룩한 공회이기 때문에 거룩을 추구하는 성도가 행복한 성도요, 하나님을 영화롭게 하는 성도가 행복한 성도다. 또한 교회는 공교회, 즉 하나의 교회이기 때문에 이웃 교회들과 협력하고 사랑과 격려하는 교회가 하나님께서 쓰시는 교회다. 나아가 성도의 교통이 있을 때 우리는 하나님께 영광을 돌리며 행복할 수 있다. 외톨이로 교회를 다니는가? 예배가 마치자마자 바람과 함께 사라지는가? 교통할 수 있는 자리인 소그룹과 봉사의 현장으로 나아오길 진심으로 바란다.

나눔을 위한 질문

1. '거룩하다'의 뜻은 무엇인가?
2. '공회'의 뜻은 무엇이며, 천주교와 개신교는 어떤 점에서 다른가?
3. 교제와 교통은 어떻게 다르며, 성도의 교통은 누구를 닮은 것인가?
4. 당신의 삶 속에 거룩이 회복되고, 공교회 정신을 실천하며, 성도의 교통을 실천하기 위해서 무엇을 해야 할 것인가?

10장

사죄, 부활, 영생

요한복음 5:24~25

9장에서 우리는 '거룩한 공회와 성도의 교통'에 대해 살펴보았다. 교회는 거룩한 공동체여야 한다. 그것은 교회의 본질이다. 본질에서 능력이 나온다. 헬라어의 '권세'라는 말은 '엑수시아'(ἐξουσία)인데 에크(ἐκ, ~로부터 나오다)와 우시아(οὐσία, 본질)의 합성어이다. 여기서 참된 권세는 본질로부터 나온다고 말할 수 있다. 거룩이 교회의 본질이기에 교회는 거룩할 때 권세를 가진다. 거룩이 무너진 교회는 아무리 규모가 큰 교회라 할지라도 무너지거나 교회로서의 영향력을 상실한다. 또한 교회는 공회, 즉 공교회이다. 개교회와 대칭되는 용어로, 바른 신앙을 고백하는 교회는 모두가 하나의 교회라는 뜻이다. 즉,

이웃의 교회가 그리스도를 유·무형 교회의 머리로 모시고 있다면 형제 교회이며 서로 돕고 협력해야 한다. '개교회 의식'에서 벗어나 '공교회 의식'으로 나아가야 한다. 이것은 교회 연합 운동의 근거가 된다.

또한 교회는 성도의 교통이다. 교제보다 깊은 교통을 나누는 공동체가 되어야 한다. 예배와 소그룹, 그리고 봉사의 현장에서 우리는 서로를 배려하고 공감하며 도와주는 진정한 사랑의 공동체를 세워야 한다. 에베소교회는 이단을 잘 막아냈으나 사랑이 식어져 책망을 받았다. 사랑이 식어진 것도 책망받을 일이다. 왜냐하면 교회는 성도의 교통이 있어야 하는 사랑의 공동체이기 때문이다.

본장에서는 사도신경에서 마지막 부분인 "죄를 사하여 주시는 것과 몸이 다시 사는 것과 영원히 사는 것을 믿사옵나이다"를 살펴보고자 한다.

1. 사죄의 은혜

기독교 신앙에서 가장 중요한 은혜는 죄를 용서받는 것이다. 성경이 말하는 죄에는 두 가지가 있다. 하나는 가장 근원적인 죄인데, 이 죄의 뿌리는 바로 하나님을 믿지 않는 것이다(sin:

하나님의 법을 어긴 범죄, transgression of the law of God), 그리고 다른 하나는 현상적인 죄(crime: 정부에 의해 처벌 받을 수 있는 불법적 행동, an illegal act for which someone can be punished by the goverment)를 말한다. 이것은 죄의 열매로 살인, 간음, 사기, 도둑질 등으로 우리가 흔히 말하는 죄이다. 그러나 이것은 죄의 열매에 불과하고, 죄의 뿌리는 하나님을 믿지 않는 것이다.

죄의 뿌리라는 차원에서 하나님을 믿지 않는 모든 사람은 죄인이다. 하나님을 떠난 모든 사람은 죄인인 것이다.

> **모든 사람이 죄를 범하였으매** 하나님의 영광에 이르지 못
> 하더니(로마서 3:23)

그 죄의 결과는 무엇인가?

> **죄의 삯은 사망이요** 하나님의 은사는 그리스도 예수 우리
> 주 안에 있는 영생이니라(로마서 6:23)

바로 사망(죽음)이다. 우리는 죽음이라고 하면 보통 한 가지만을 생각하는데, 성경은 세 가지를 말씀한다. 헬라어로 죽음이라는 단어는 '싸나토스'(θάνατος)이다. 이 말의 어원은 '분리'라는 단어 separation에서 왔다. 즉, 죽음의 본질은 분리다. 그렇다면, 성경에서 말씀하는 세 종류의 죽음을 살펴보자.

1) 영적 죽음

첫 번째 죽음은 영적 죽음이다. 이것은 하나님과 내가 영적으로 분리된 상태를 말한다. 내 심장은 뛰고 있다. 하지만 영적으로는 하나님과 관계가 끊어져 하나님의 영적 은혜가 흘러 들어오지 못하는 상태다. 예수 믿기 전, 나의 상태가 바로 영적으로 죽어있는 것이다. 심장이 멎었다는 것이 아니라 영적인 관계가 끊어졌다는 뜻이다.

그는 **허물과 죄로 죽었던 너희**를 살리셨도다(에베소서 2:1)

예수 믿기 전에 에베소 사람들의 상태를 말씀하고 있다. 심장은 뛰고 육신은 살아있지만, 영적으로는 죽은 상태를 말한다. 그런데 이 죽음은 예수를 믿으면 살아난다. 즉, 우리가 예수를 믿는 순간 영적 사망에서 생명으로 옮겨진다는 말이다.

2) 육신의 죽음

두 번째 죽음은 육신의 죽음이다. 이것은 우리가 흔히 말하는 죽음, 즉 사망이다. 죽을 때 내 영혼과 육신이 분리된다.

예수께서 다시 크게 소리 지르시고 **영혼이 떠나시니라**(마태복음 27:50)

육체의 죽음은 영혼이 육신에서 떠나는 것이다. 그래서 땅에는 시신만 남아있게 된다. 이것이 바로 육신의 죽음이다.

3) 영원한 죽음

마지막 세 번째 죽음은 영원한 죽음이다. 이것은 영원히 지옥에 들어가는 것을 말한다. 이것도 분리는 분리인데, 하나님과 완전히 분리되어 더 이상 구원받을 소망이 없는 상태다.

지옥은 절망 그 자체다. 구원받을 소망이 전혀 없는 상태, 이것을 영원한 죽음이라고 한다. 우리가 왜 믿지 않는 가족과 친구와 이웃을 전도하는가? 바로 이것 때문이다. 지옥에 들어가면 안 되기 때문에 전도해야 하는 것이다. 지옥에 들어가면 소망이 없고, 하나님과 완전히 분리되며, 영원한 형벌만 있다.

> 사망과 음부도 불못에 던져지니 이것은 **둘째 사망 곧 불못**
> 이라 누구든지 **생명책에 기록되지 못한 자는 불못에** 던져
> 지더라(요한계시록 20:14~15)

생명책은 예수 믿는 사람의 호적이다. 믿는 순간 생명책에 등재된다. 하지만 심판대에서 이 생명책에 이름이 없으면 불못, 지옥에 들어가게 되는데 이것이 세 번째 죽음인 영원한 죽음을 말하는 것이다.

영원한 죽음은 없어진다는 차원이 아니라 분리라는 차원이다. 하나님과 완전히 분리되어 지옥에 간 것이 영원한 죽음이

다. 우리는 죽음이라고 하면 눈에서 없어지니까, 눈에 보이지 않으니까 단순히 없어지는 것으로 생각하는데 죽음의 본질은 분리라는 것을 기억하기 바란다. 그렇다면, 죄를 용서받는 방법은 무엇인가?

내가 진실로 진실로 너희에게 이르노니 내 말을 듣고 또 나 보내신 이를 믿는 자는 영생을 얻었고 **심판에 이르지 아니하나니** 사망에서 생명으로 옮겼느니라(요한복음 5:24)

"심판에 이르지 아니하나니"라는 말씀은 '정죄'라고도 해석한다. 정죄를 다시 해석하면, 이는 '유죄 판결'을 말한다. 따라서 "심판에 이르지 아니하나니"라는 말씀은 유죄 판결 받지 않음을 의미한다. 그렇다면, 누구에게 무죄가 선언되는가?

내가 진실로 진실로 너희에게 이르노니 **내 말을 듣고 또 나 보내신 이를 믿는 자는** 영생을 얻었고 심판에 이르지 아니하나니 사망에서 생명으로 옮겼느니라(요한복음 5:24)

예수님의 말씀을 듣고, 그분을 보내신 하나님을 믿으면 무죄가 선언된다고 말씀한다. 다시 말해, 하나님의 사랑을 믿는 것이 무죄 판결을 받는 유일한 방법이다.

하나님의 사랑은 십자가에서 나타났다. 십자가는 하나님의 자기희생이다. 우리의 죗값을 치르기 위해 자신의 아들을 십자가에 내어주신 사랑, 그리고 십자가에서 우리의 죗값을 다 치르신 예수님의 은혜를 믿는 사람은 죄 용서함을 받는다.

> 그가 빛 가운데 계신 것 같이 우리도 빛 가운데 행하면 우리가 서로 사귐이 있고 **그 아들 예수의 피가 우리를 모든 죄에서 깨끗하게 하실 것이요**(요한일서 1:7)

십자가에서 우리를 위한 대속의 피를 흘리신 예수님의 피가 우리의 죄를 사하는 근거다. 우리가 할 일은 예수님이 십자가에서 흘리신 그 피가 내 죄를 씻는다는 것을 믿는 것이다.

> 하나님이 세상을 이처럼 사랑하사 독생자를 주셨으니 **이는 그를 믿는 자마다** 멸망하지 않고 영생을 얻게 하려 하심이라(요한복음 3:16)

죄를 용서받는 회개에는 두 가지가 있다. 하나는 예수님을 처음 믿을 때, 용서받는 회심 차원에서의 회개가 있다. 이것은 우리의 죄에 대한 책임(責任, guilty), 즉 지옥 가는 것을 면제해 주는 것이다. 그리고 다른 하나는, 예수 믿고 나서 짓는 죄에 대해 용서받는 자백 차원의 회개가 있다. 이것은 우리에게 묻은 죄의 오염(汚染, pollution)을 사라지게 한다.

> 만일 **우리가 우리 죄를 자백하면** 그는 미쁘시고 의로우사
> 우리 죄를 사하시며 우리를 **모든 불의에서 깨끗하게 하실**
> **것이요**(요한일서 1:9)

자백(회개)은 우리를 성화시키는 수단이다. 우리에게 늘 자백하는 은혜가 있길 바란다.

2. 부활의 은혜

기독교 신앙의 가장 놀라운 은혜는 부활의 은혜다. 사도신경에는 두 가지의 부활이 나온다. 앞에 나온 부활은 예수님의 부활이고, 뒤에 나오는 부활은 성도의 부활이다. 예수님의 부활에 대한 고백은 "장사한 지 사흘 만에 죽은 자 가운데서 다시 살아나시며"이다. 그리고 성도의 부활은 "몸이 다시 사는 것과"라는 부분이다.

성도의 부활은 영혼의 부활이 아니라 몸의 부활을 말한다. 영혼은 영원히 죽지 않는다. 영원한 존재이다. 우리가 잘 알듯, 사람은 죽자마자 육신에서 영혼이 떠나간다. 그리고 그 영혼은 즉시 천국이나 지옥에 간다. 구천을 떠도는 게 아니다. 하지만 육신은 이 땅에 매장되거나 화장 또는 수장된다.

> 예수께서 이르시되 내가 진실로 네게 이르노니 **오늘 네가**
> **나와 함께 낙원에 있으리라 하시니라**(누가복음 23:43)

예수님께서 십자가에 돌아가실 때, 십자가의 한쪽 편 강도가 마지막에 예수님을 믿었다. 그때 예수님께서는 강도에게 "네가 나와 함께 낙원(천국)에 있으리라"고 말씀하셨다. 강도도 예수님을 구주로 믿으니, 죽자마자 천국에 간 것이다. 그런데 여기서 중요한 것은 "오늘"이다. 십 년 후에 가는 것도 아니고, 이십 년 후에 가는 것도 아니며, 천주교처럼 연옥을 거쳐서 가는 것도 아닌 "오늘"이라고 말씀하신 것이다. 누가복음 16장 22~24절의 말씀도 함께 살펴보자.

> 이에 **그 거지가 죽어 천사들에게 받들려 아브라함의 품에**
> **들어가고 부자도 죽어 장사되매 그가** 음부에서 고통중에
> **눈을 들어 멀리 아브라함과 그의 품에 있는 나사로를 보고**
> 불러 이르되 아버지 아브라함이여 나를 긍휼히 여기사 나
> 사로를 보내어 그 손가락 끝에 물을 찍어 내 혀를 서늘하
> 게 하소서 내가 이 불꽃 가운데서 괴로워하나이다(누가복음
> 16:22~24)

거지는 죽어서 천사들에게 받들려 아브라함의 품에 들어갔다. 여기서 아브라함의 품은 천국의 다른 표현이다. 죽은 다음에 떠돌지 않고 바로 천국에 들어갔음을 의미한다. 또 부자는

음부에 들어갔다고 하는데, 음부는 지옥을 말한다. 지옥에 가는 사람도 바로 가는 것이다. 떠도는 것이 아니라는 말이다.

떠도는 것은 죽은 사람의 영혼이 아니라 타락한 천사들이다. 왜 기독교가 조상제사를 하지 못하게 하는가? 제사상을 차려 놓아도 돌아가신 부모님이 와서 드시는 것이 아니기 때문이다. 죽은 자의 영혼은 죽자마자 천국이나 지옥으로 간다. 우리가 차려놓은 제사상은 우리의 조상이 아닌 타락한 천사들인 귀신들이 와서 잔치를 즐기는 자리이기 때문에 제사를 드리지 말라고 하는 것이다.

> 무릇 이방인이 제사하는 것은 **귀신에게 하는 것이요** 하나님께 제사하는 것이 아니니 나는 너희가 **귀신과 교제하는 자가 되기를 원하지 아니하노라**(고린도전서 10:20)

그래서 제사를 추모예배로 바꾸는 것이 좋다. 그러나 그런 결정권을 가족 안에서 가지지 않았다면, 평소에 친척들에게 최선을 다해 잘하거나 음식을 열심히 만드는 등 인간적인 도리는 하되 절은 하지 말아야 한다. 천주교는 제2차 바티칸공의회(1962~1965년)에서 조상의 제사를 허용했으나, 이는 성경적이지 않다.

성도의 부활은 몸의 부활이다. 영혼은 죽자마자 천국이나 지옥으로 바로 감을 기억하라. 다음의 말씀을 보자.

> 진실로 진실로 너희에게 이르노니 **죽은 자들이** 하나님의 아들의 음성을 들을 때가 오나니 곧 이 때라 듣는 자는 **살아나리라**(요한복음 5:25)

예수님의 재림의 때에 일어날 일을 말씀한다.

> 보라 내가 너희에게 비밀을 말하노니 우리가 다 잠 잘 것이 아니요 마지막 나팔에 순식간에 홀연히 다 변화되리니 나팔 소리가 나매 죽은 자들이 썩지 아니할 것으로 다시 살아나고 우리도 변화되리라(고린도전서 15:51~52)

부활은 우리의 몸까지 구원하는 일이다. 시들지 않고 썩지 않으며 죽지 않는 몸으로, 또한 영광스러운 몸으로 부활하는 것이다. 여기서 두 번째 사망인 육신의 사망이 해결된다. 부활은 중요한 신앙이다. 그래서 사도신경의 마지막 고백에 나온 것이다. 예수님을 구주로 믿어 심판의 부활이 아닌, 생명의 부활을 경험할 수 있길 바란다.

3. 영원히 사는 은혜

기독교 신앙의 가장 궁극적인 은혜는 바로 영원히 사는 은혜다. 여기서 말하는 영원히 사는 은혜란, 단지 시간적으로 영원히 사는 것을 말하지 않는다. 이것은 하나님과 영원히 사는 것을 말한다. 천국에서 영원히 사는 것을 말하는 것이다. 물론 예수님을 믿지 않는 사람도 영원히 산다. 하지만 그들은 사탄(마귀)과 귀신과 함께 지옥에서 영원히 살게 된다. 하나님과 영원히 사는 사람에 대해 성경은 다음과 같이 말씀한다.

> 내가 진실로 진실로 너희에게 이르노니 **내 말을 듣고 또 나 보내신 이를 믿는 자는 영생을 얻었고** 심판에 이르지 아니하나니 사망에서 생명으로 옮겼느니라(요한복음 5:24)

> "Truly, truly, I say to you, he who hears My word, and believes Him who sent Me, **has eternal life**, and does not come into judgment, but has passed out of death into life."(John 5:24, NASB)

그런데 영문을 보면, 이 말씀은 과거가 아니라 현재다. 우리말에는 과거처럼 보이지만 권위 있는 영어 성경 NASB에 보면 "has eternal life"라고 되어 있는데, 현재 동사가 사용되었다. 'has'는 have 동사의 현재 3인칭 단수다.

우리는 흔히 영생이라고 하면, 천국 가서 영원히 사는 것이라고 생각한다. 죽고 나서 시작하는 줄로 알고 있다. 그러나 그렇지 않다. 거기서는 완전히 누리는 것이고, 이 땅에서도 예수 믿고 나면 영생을 부분적으로 누릴 수 있다. 우리는 이것을 '맛본다'라고 표현한다. 다른 말로 하면, '천국의 예고편을 누린다'라고 말할 수 있다.

영생을 맛본다는 것은, 하나님의 임재 가운데 그분의 위로와 격려와 임재의 영광과 기쁨을 누리는 것이다. 뿐만 아니라 정말 낙심스러운 상황에서도 절망하지 않고, 포기하지 않으며, 하나님께서 주시는 위로 때문에 오늘의 고난과 역경을 이기는 삶이 천국의 예고편을 경험하는 삶이다. 이 천국의 예고편을 보여주는 가장 드라마틱한 장면은, 바울이 경험한 빌립보 감옥에서의 체험이다.

사도행전 16장에서 바울은 전도하다가 누명을 쓰고 매를 맞아 감옥에 들어갔다. 얼마나 매를 맞았던지 옷이 다 찢어지고, 피부가 너덜너덜할 정도로 맞았다. 얼마나 억울하고, 분노가 일어났겠는가? 정말 바울도 처음에는 그랬을지 모른다. 하지만 그는 기도하는 가운데 하나님의 위로를 경험한다. 천국의 예고편을 경험하게 된 것이다. 그래서 가만있을 수 없어서 찬송을 부르기 시작했다. 찬송이 시작되니까 하나님께서 하늘에서 내려다보시고는 옥문을 움직이셨다. 채워져 있던 차꼬를 다 풀어주셨다. 그리고 간수가 와서 부복하고, 바울이 전하는 복음을 듣고 구원받는 놀라운 기적의 역사가 나타났다.

이처럼 지옥 같은 감옥이 천국으로 바뀌는 역사는 하나님께서 성도들에게 베풀어 주신 영생을 맛보는 은혜다. 당신이 살고 있는 오늘날 현장의 삶이 지옥 같은 사람도 있을 것이다. 그러나 성도에게는 놀랍고 신비한 능력이 있다. 하나님의 임재 가운데 지옥 같은 가정과 일터가 천국으로 바뀌는 은혜가 우리에게도 있길 바란다.

영생을 온전히 누리는 것은 죽어서 내 영혼이 천국 가서 누리는 것이다. 더 온전히 누리는 것은, 예수님 재림 이후 내 육신이 부활한 다음에 영혼과 육신이 함께 천국의 영광을 누리는 것이다. 그리고 영원한 죽음을 해결 받게 되는 것이다. 이 영생은 놀라운 것이다.

> 또 내가 **새 하늘과 새 땅을 보니** 처음 하늘과 처음 땅이 없어졌고 바다도 다시 있지 않더라 또 내가 보매 **거룩한 성 새 예루살렘이 하나님께로부터 하늘에서 내려오니** 그 준비한 것이 신부가 남편을 위하여 단장한 것 같더라(요한계시록 21:1~2)

> 보좌에 앉으신 이가 이르시되 보라 내가 만물을 새롭게 하노라 하시고 또 이르시되 이 말은 신실하고 참되니 기록하라 하시고(요한계시록 21:5)

And He who sits on the throne said, "Behold, **I am making all things new**" And He said, "Write, for these words are faithful and true."(Revelation 21:5, NASB)

　여기에 "만물을 새롭게 하노라"는 영어 성경에 현재진행형으로 쓰였다. 그 이유는 하나님께서는 새 하늘과 새 땅을 구성하시고 10년, 20년, 100년, 200년 가도 바꾸지 않는 분이 아니라 계속해서 현재진행형으로 바꾸시며 우리에게 신선한 기쁨과 은혜를 주실 분이기 때문이다. 그렇다면, 우리는 어떻게 살아야 하는가?

　회개와 부활과 영생을 아는 사람은 짧은 인생의 의미가 무엇인지 아는 사람들이다. 그리고 끝나고 어디로 갈지를 준비하는 사람들이다. 이게 끝이 아니라 하나님 앞에 설 날이 있다는 것을 믿는 사람들이다. 그러므로 이 땅에 살면서 욕심 부리면서 살지 말고, 오직 사명을 따라 살아야 한다.

　우리는 이 땅에 살면서 살리는 사람들이 되어야 한다. 날마다 내 안에 있는 욕심들을 십자가에 못 박아야 한다: 물질에 대한 지나친 욕심, 명예에 대한 지나친 욕심, 권력에 대한 지나친 욕심, 교회 안의 권력 등. 우리는 이 땅에 살면서 욕심과 탐욕에 매인 사람이 아니라 하나님을 사랑하고 성도를 사랑하며 믿지 않는 불신 이웃까지도 사랑하여 그들의 구원을 위해서 힘써야 한다. 그리하여 위대한 계명인 하나님 사랑과 이웃 사랑, 그리고 위대한 명령인 복음 전도와 문화 명령까지 수행하면서 최선을 다해 살다가 천국가야 한다.

나눔을 위한 질문

1. 죄의 두 가지 종류를 말하면서 왜 모든 사람이 죄인인가를 설명해 보라.

2. 회개의 두 가지 종류를 말하면서 구원받은 이후 계속해서 회개할 이유를 설명해 보라.

3. 성경이 말하는 부활의 의미와 영생의 의미를 설명해 보라.

4. 회개와 부활과 영생이 오늘을 사는 나에게 어떤 의미가 있고 내 삶을 어떻게 바꿀 수 있는지 나누어 보라.

NOTE

NOTE

사도신경이
알고 싶다